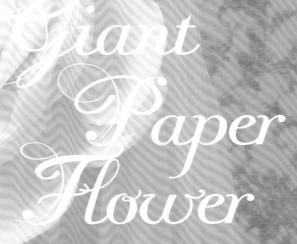

華麗の盛放！

超大朵紙花 設計集

空間＆櫥窗陳列
婚禮＆派對布置
特色攝影必備！

MEGU（PETAL Design）———— 著

Giant Paper Flower

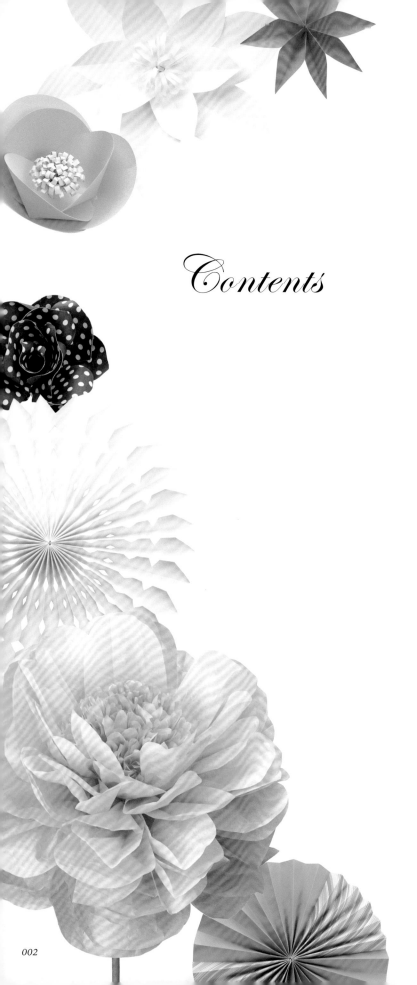

Contents

基礎作法＆重點……20

How to Make

作者簡介

MEGU（めぐ）

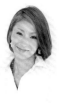

超大朵紙花藝術家、空間設計師、PETAL Design 代表，隸屬株式會社FootPrints。在經歷多年的婚禮花藝布置等鮮花裝飾之後，為追求不被既定花藝設計所限制的自由大膽表現，於2015年7月開設了超大朵紙花專賣店「PETAL Design」。以摩登且典雅的作品蔚為話題，目前以旅館、百貨公司和活動會場的陳列，以及為廣告、雜誌、電視節目的攝影提供作品等，多方位活動中。

PETAL Design
http://petaldesign.jp

商品提供
east side Tokyo（薄葉紙）
www.eastsidetokyo.jp
LINTEC株式會社（四開圖畫紙：New Color R）
http://www.lintec.co.jp/
株式會社中部ノート 東京店（四開圖畫紙：New Color R）

攝影合作
WEDDING GALLERY WHITE DOOR
http://www.whitedoor.co.jp/
EASE（イーズ）
http://iziz.co.jp/01.html

Staff
設計：周玉慧
製作圖・紙型描繪：八文字則子
攝影：小塚恭子（YK Studio）
模特兒：Anastasiia Z.（AVOCADO）
妝髮：谷本明奈
編輯：株式會社 童夢

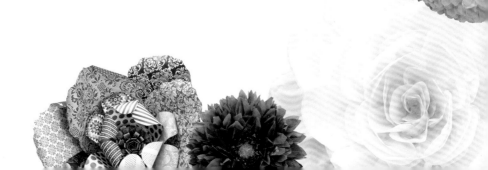

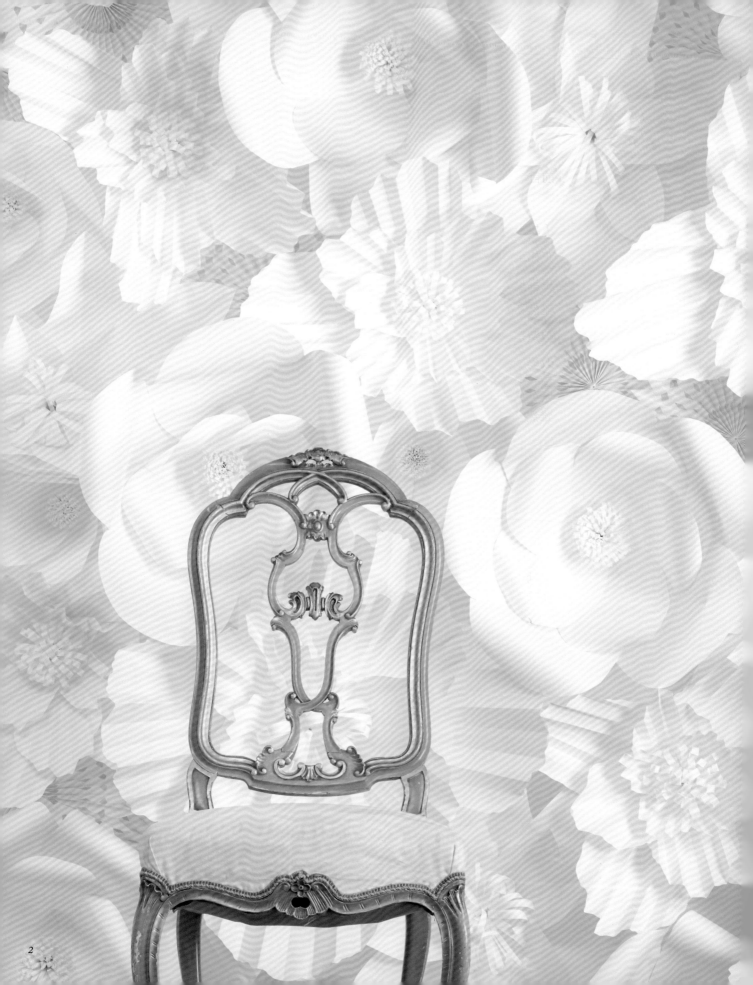

前言

「超大朵紙花」──

正如字面的意思，是以紙張製作的巨大花飾。

主素材為圖畫紙＆名為薄葉紙的薄軟紙材。

雖然初學者也能以手邊的材料簡單地製作，

但還是以使用圖畫紙＆薄葉紙完成的作品存在感出眾且正統。

改變紙張顏色、質感和大小就能呈現不同的感覺，

能夠作出各種變化的特色也深具魅力。

雖然一朵也不錯，但也請試著一次裝飾數朵喔！

例如本頁布滿大小白花的花牆，

你是否也一眼就被它的華麗所吸引了呢？

超大朵紙花能夠自由且大膽地

傳遞出與真實花朵不一樣的觀感，

因此無論是當成花束＆戒枕等婚禮用品，

或用來裝飾與家人和親密之人共渡特別日子的房間，

還是作為日常生活的房間布置……

都很推薦使用超大朵紙花！

製作、裝飾、贈禮，

若能令你從中感受幸福，將是我的榮幸。

MEGU

how to make ⋯▶ *p.22-31* (01,02,03,04)

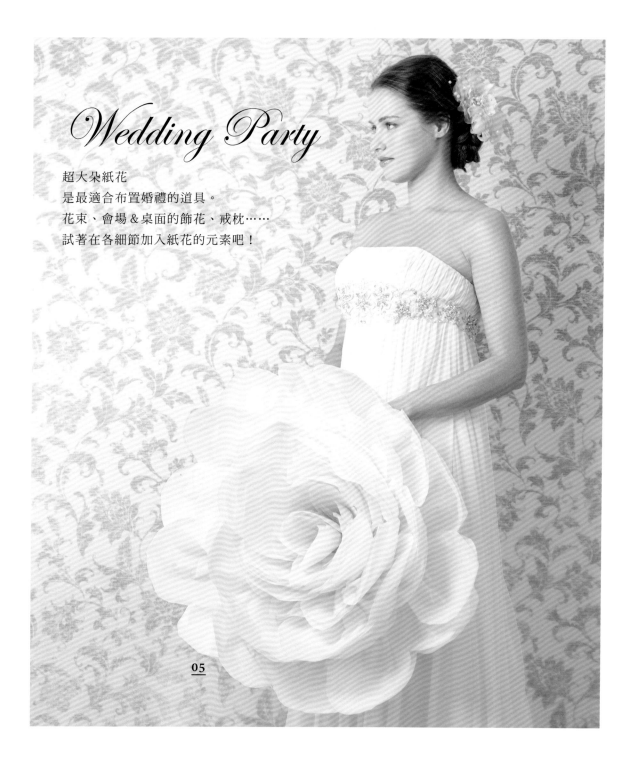

Wedding Party

超大朵紙花
是最適合布置婚禮的道具。
花束、會場＆桌面的飾花、戒枕……
試著在各細節加入紙花的元素吧！

05

純白捧花

將潔白柔軟的花瓣重疊數層製作而成的捧花，
既蓬鬆又輕柔，
能夠完美地展現出清新＆柔和的氛圍。

how to make⋯➤p.32-34

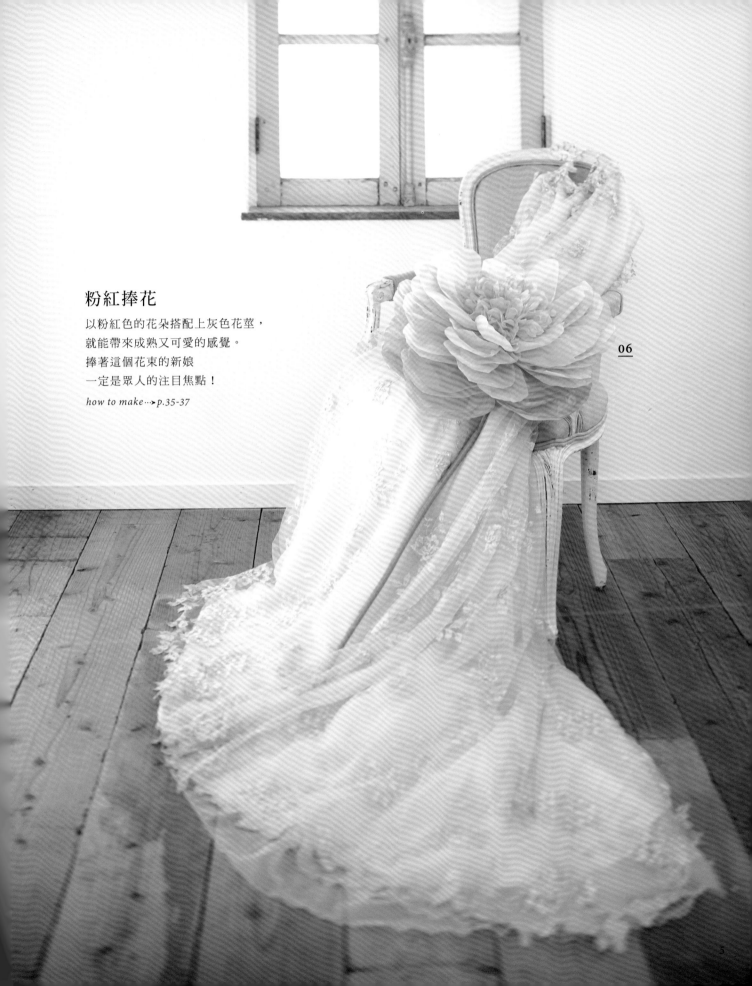

粉紅捧花

以粉紅色的花朵搭配上灰色花莖，
就能帶來成熟又可愛的感覺。
捧著這個花束的新娘
一定是眾人的注目焦點！

how to make ⋯➤ *p.35-37*

06

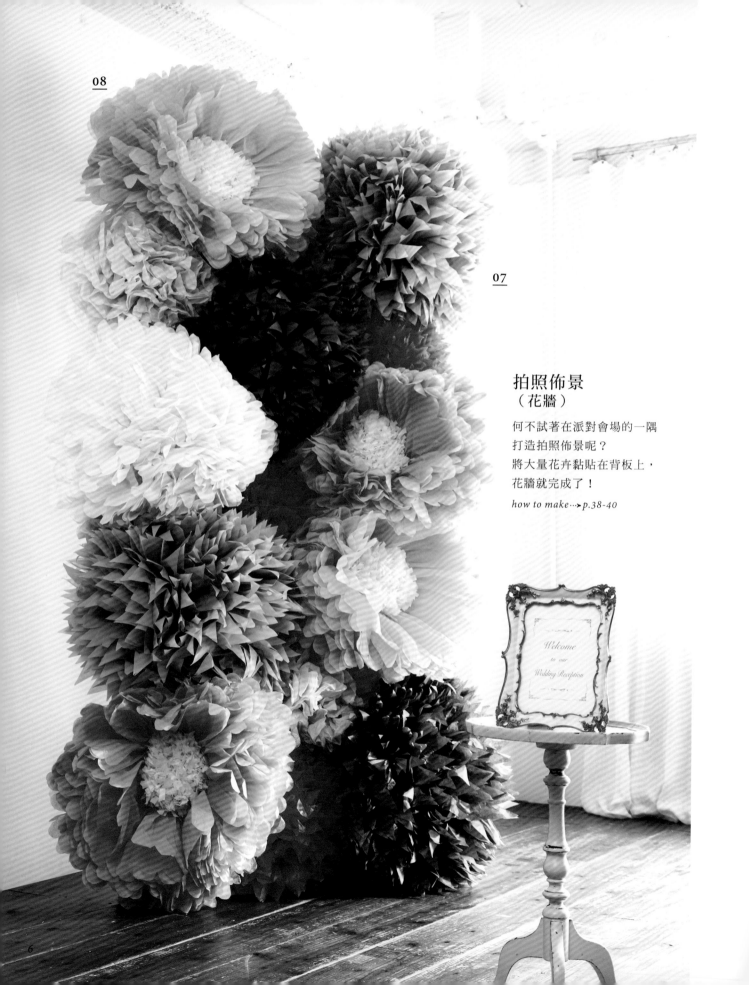

07

拍照佈景
（花牆）

何不試著在派對會場的一隅
打造拍照佈景呢？
將大量花卉黏貼在背板上，
花牆就完成了！

how to make…▶p.38-40

Welcome
to our
Wedding Reception

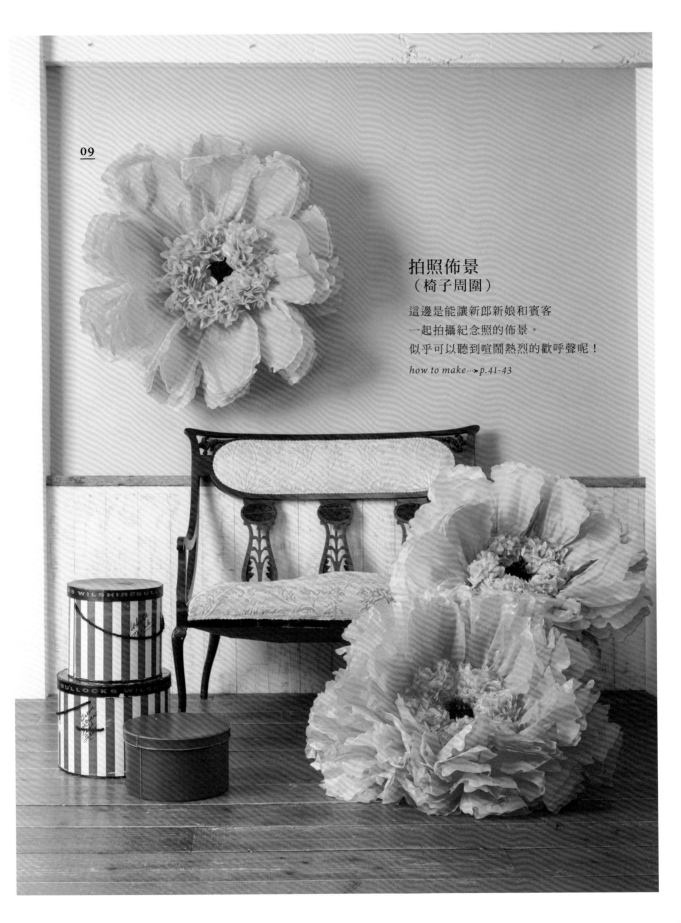

09

拍照佈景
（椅子周圍）

這邊是能讓新郎新娘和賓客
一起拍攝紀念照的佈景。
似乎可以聽到喧鬧熱烈的歡呼聲呢！

how to make ⋯▸ *p.41-43*

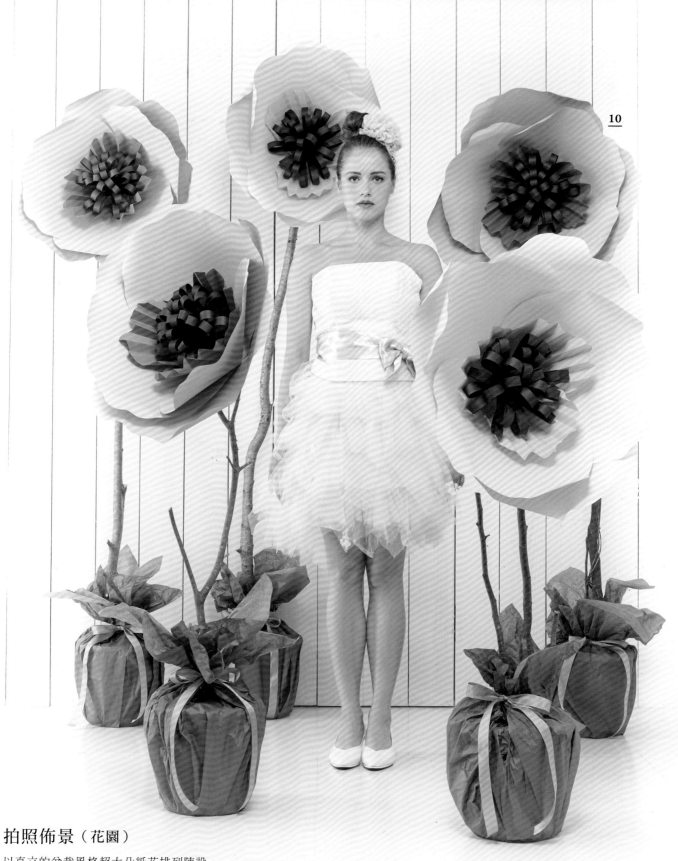

拍照佈景（花園）

以直立的盆栽風格超大朵紙花排列陳設，
營造出超現實的幻想空間。

how to make ···▶p.44-47

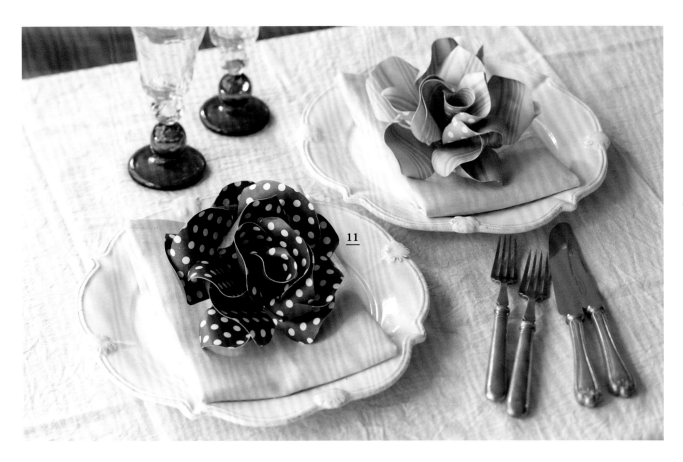

餐桌花飾

在賓客的餐桌上增添優雅的花飾表示歡迎款待。
一朵朵親手製作的紙花,將為你傳達感謝的心意。

how to make⋯▶p.48-49

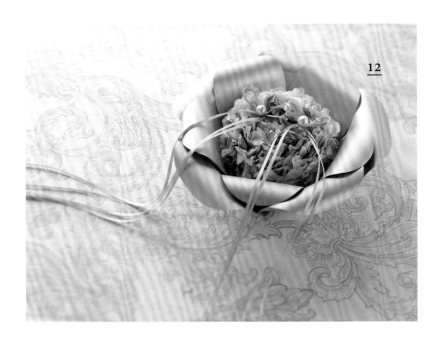

戒枕

依循西洋婚禮習俗中
新娘需準備的一件藍色物品
(something blue)為主題,
以藍色作為戒枕的基調,
並以唯美的銀色花瓣包圍住固定戒指的花芯。

how to make⋯▶p.50-51

House Party

如同將招待賓客的房間布置上花朵裝飾般，
以超大朵紙花加以妝點。
一邊想著「適合什麼樣的顏色呢？」
準備也是開心的時刻！

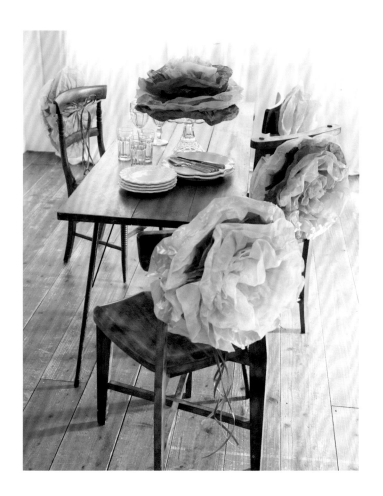

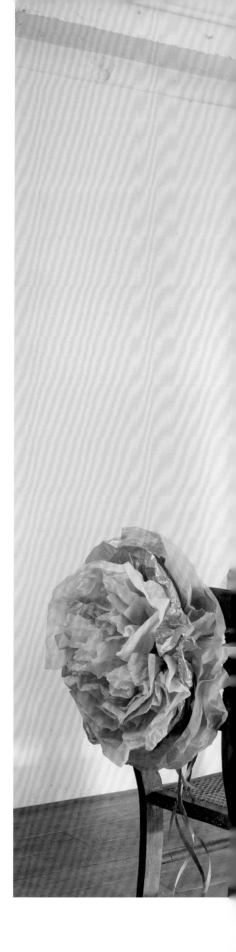

彩色大花

將花朵綁在椅背上，
妝點平時所使用的椅子。
隨意垂下的緞帶也是重點喔！

how to make…▶p.55

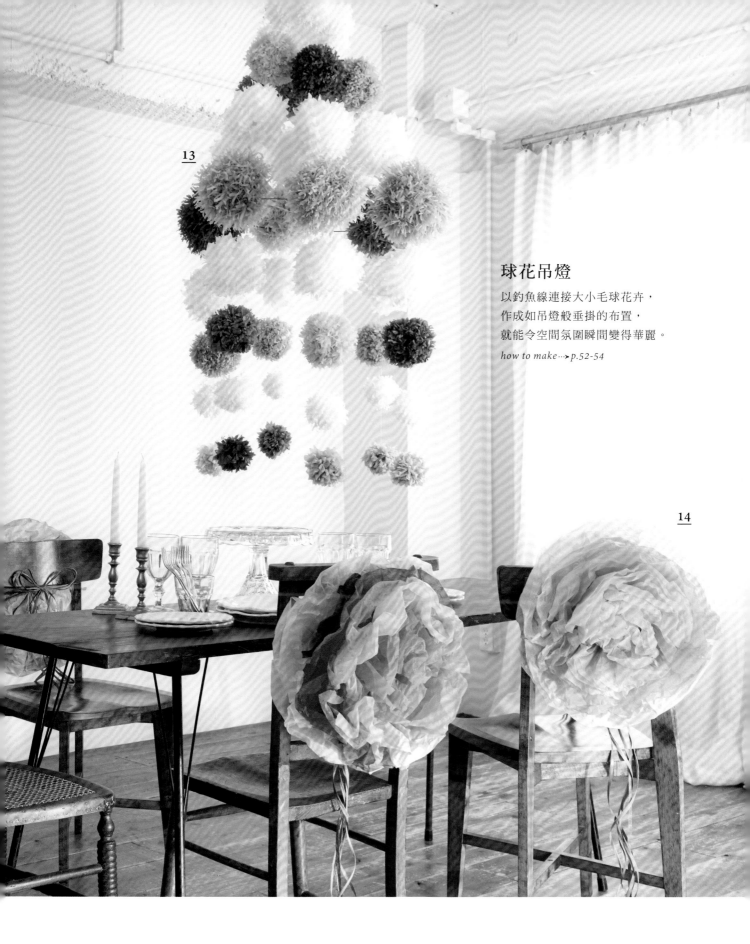

13

14

球花吊燈
以釣魚線連接大小毛球花卉，
作成如吊燈般垂掛的布置，
就能令空間氛圍瞬間變得華麗。
how to make···▸*p.52-54*

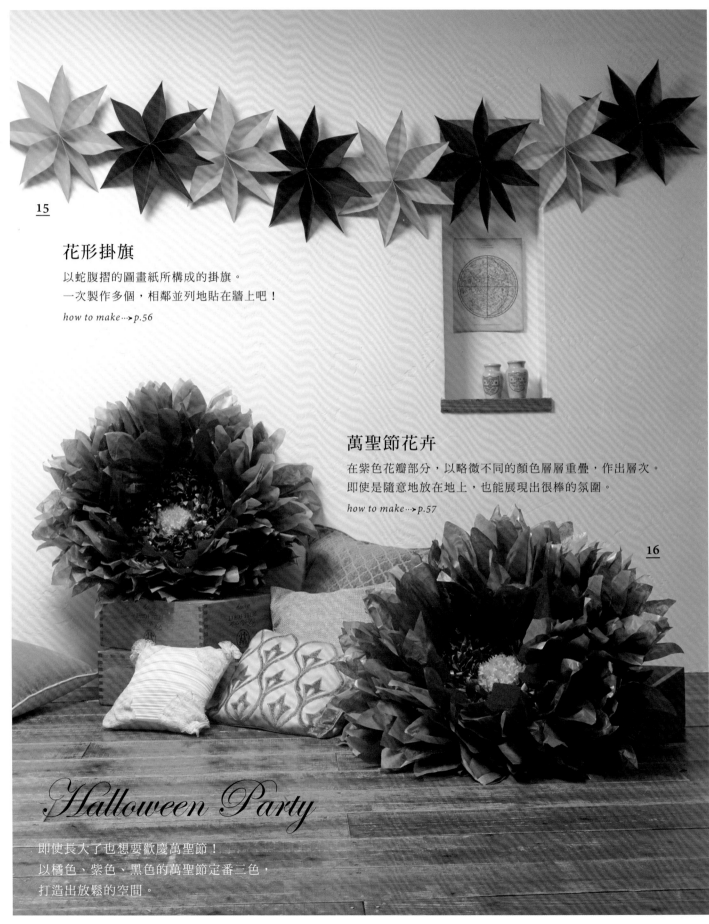

15

花形掛旗

以蛇腹摺的圖畫紙所構成的掛旗。
一次製作多個，相鄰並列地貼在牆上吧！

how to make ···▶ p.56

萬聖節花卉

在紫色花瓣部分，以略微不同的顏色層層重疊，作出層次。
即使是隨意地放在地上，也能展現出很棒的氛圍。

how to make ···▶ p.57

16

Halloween Party

即使長大了也想要歡慶萬聖節！
以橘色、紫色、黑色的萬聖節定番三色，
打造出放鬆的空間。

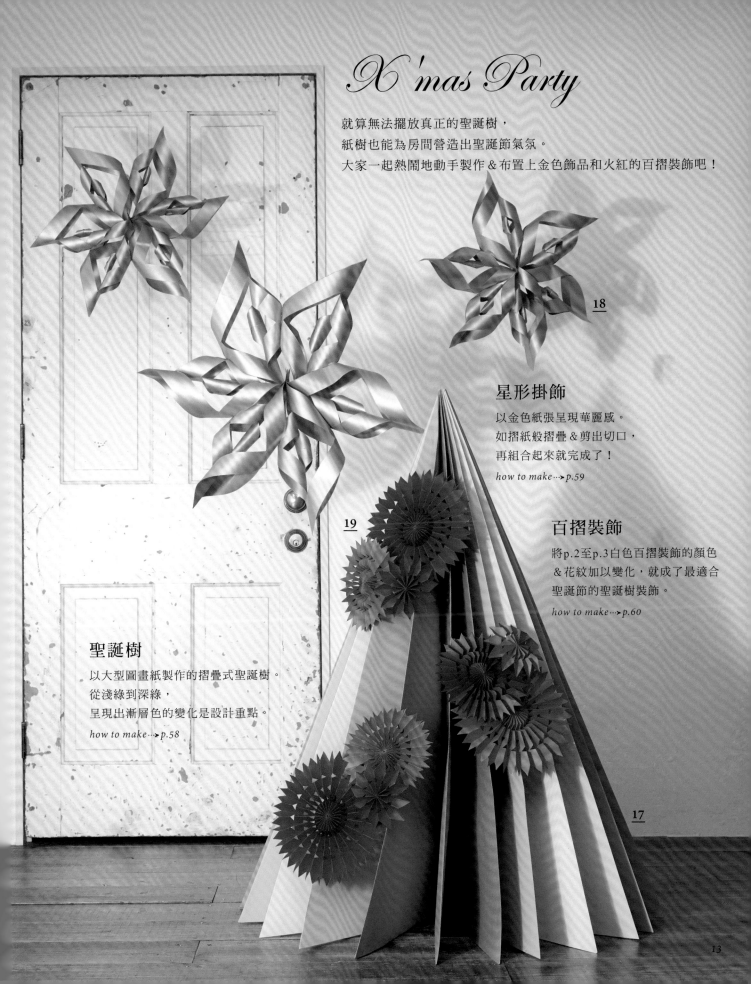

X'mas Party

就算無法擺放真正的聖誕樹,
紙樹也能為房間營造出聖誕節氣氛。
大家一起熱鬧地動手製作＆布置上金色飾品和火紅的百摺裝飾吧!

18

星形掛飾

以金色紙張呈現華麗感。
如摺紙般摺疊＆剪出切口,
再組合起來就完成了!

how to make⋯▶p.59

百摺裝飾

將p.2至p.3白色百摺裝飾的顏色
＆花紋加以變化,就成了最適合
聖誕節的聖誕樹裝飾。

how to make⋯▶p.60

19

聖誕樹

以大型圖畫紙製作的摺疊式聖誕樹。
從淺綠到深綠,
呈現出漸層色的變化是設計重點。

how to make⋯▶p.58

17

Mother's Day

就將母親節必送的康乃馨作成超大朵紙花吧!
不會枯萎且可以長久裝飾,
一定會成為重要的回憶。

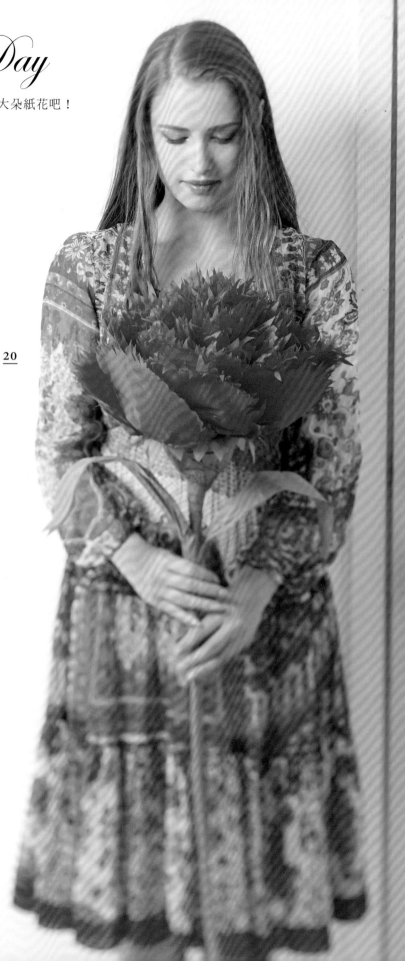

20

手作康乃馨

重疊的荷葉狀花瓣、花莖、葉片,
宛如重現真花一般,
作出與鮮花不盡相同,
極具存在感的單朵大花。

how to make ⋯▶ p.61-64

Birthday

雖然名牌精品或時尚雜貨很棒，
但也很推薦這樣的手作生日禮物。
作為美好的驚喜，對方一定也會很開心！

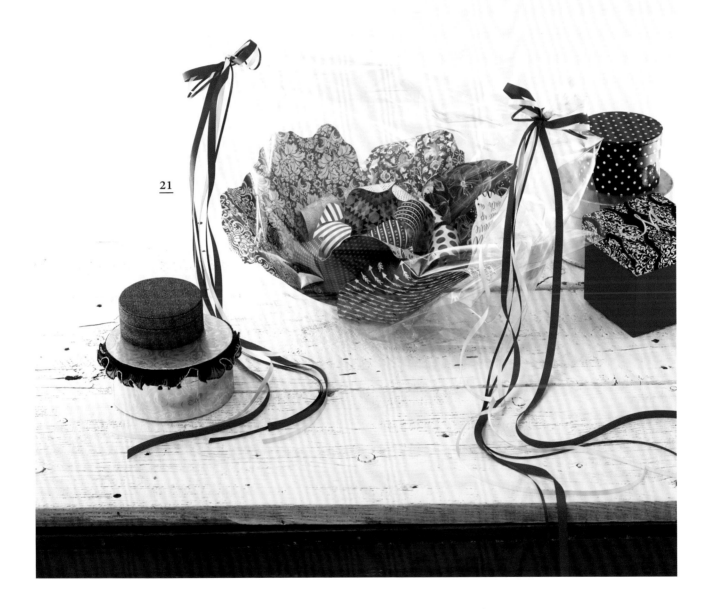

21

禮物花

為了讓內容物能清楚地被看見，
以透明塑膠紙包裝＆如糖果般可愛地綁上緞帶。

how to make⋯▸p.65-67

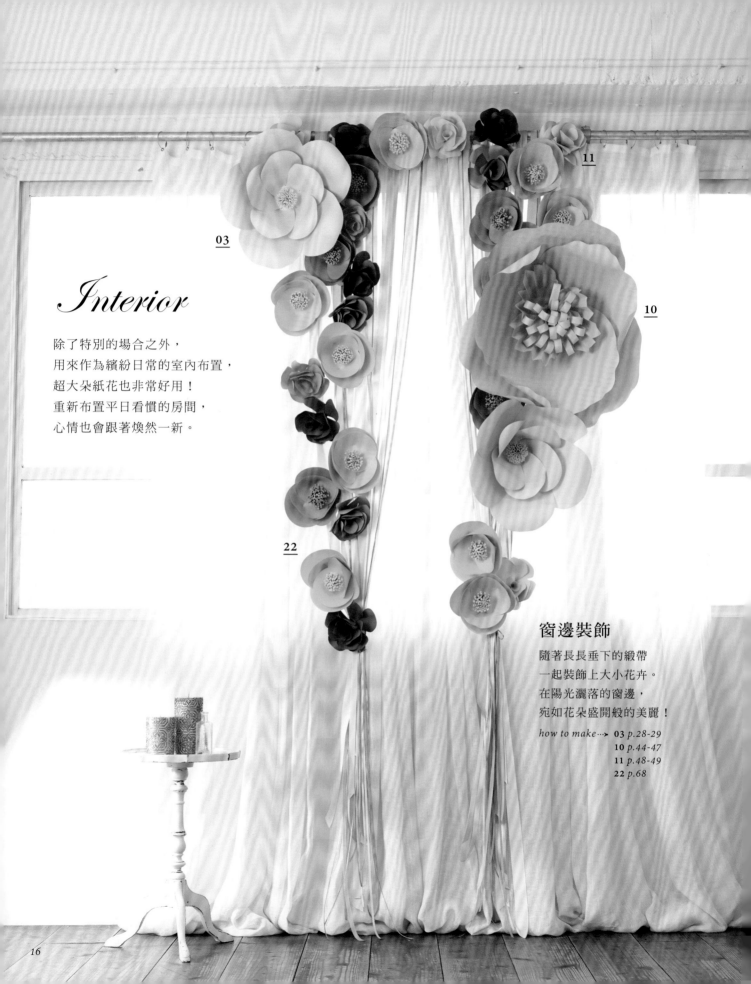

03

Interior

除了特別的場合之外，
用來作為繽紛日常的室內布置，
超大朵紙花也非常好用！
重新布置平日看慣的房間，
心情也會跟著煥然一新。

11

10

22

窗邊裝飾

隨著長長垂下的緞帶
一起裝飾上大小花卉。
在陽光灑落的窗邊，
宛如花朵盛開般的美麗！

how to make ··· ➤ **03** *p.28-29*
10 *p.44-47*
11 *p.48-49*
22 *p.68*

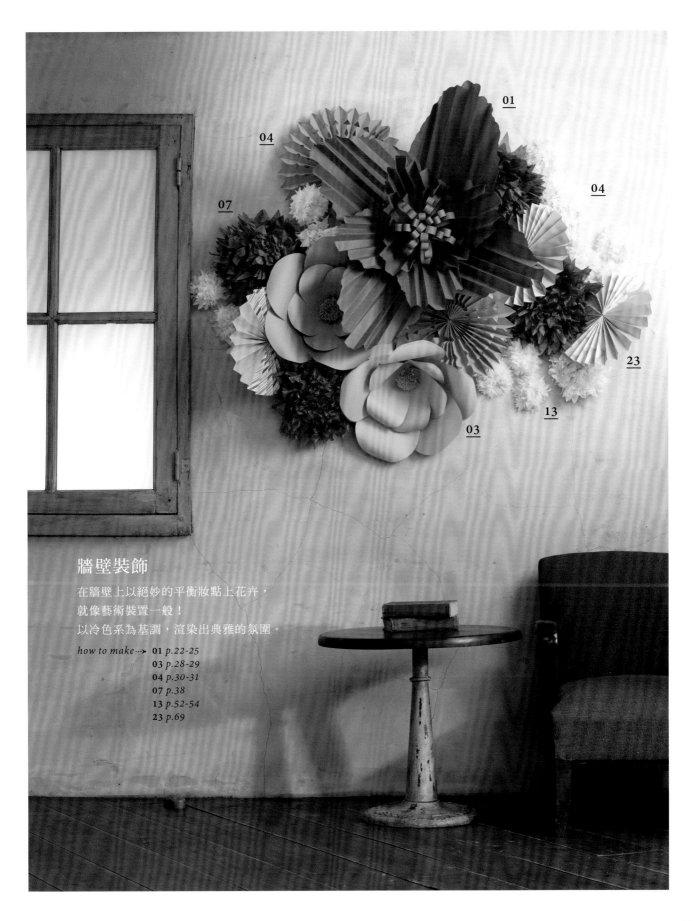

牆壁裝飾

在牆壁上以絕妙的平衡妝點上花卉，
就像藝術裝置一般！
以冷色系為基調，渲染出典雅的氛圍。

how to make · · · ▶ **01** *p.22-25*
　　　　　　　　03 *p.28-29*
　　　　　　　　04 *p.30-31*
　　　　　　　　07 *p.38*
　　　　　　　　13 *p.52-54*
　　　　　　　　23 *p.69*

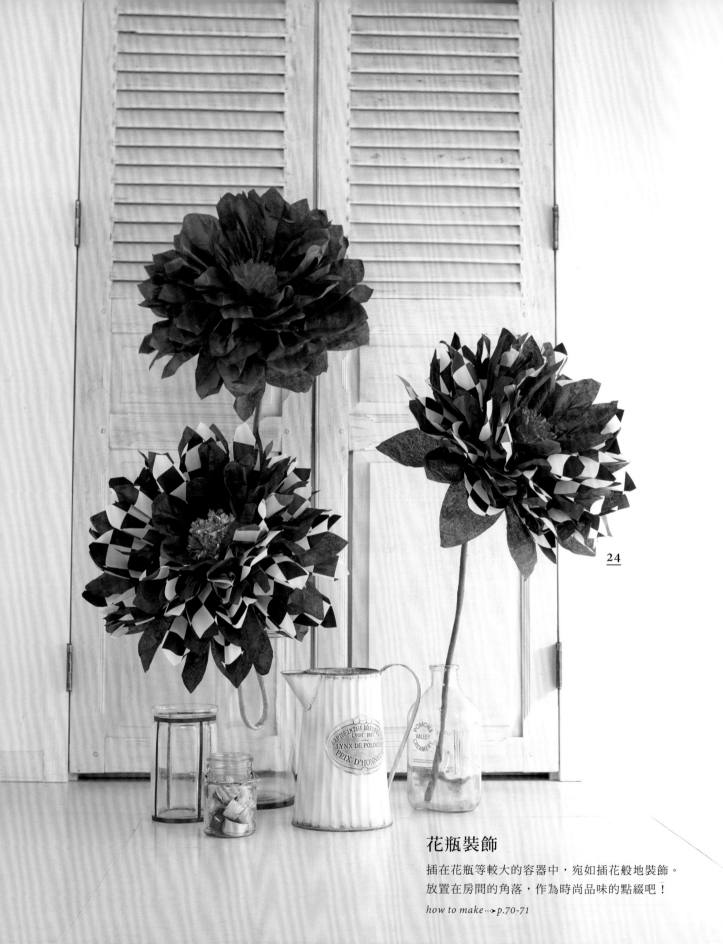

24

花瓶裝飾

插在花瓶等較大的容器中，宛如插花般地裝飾。
放置在房間的角落，作為時尚品味的點綴吧！

how to make ··· *p.70-71*

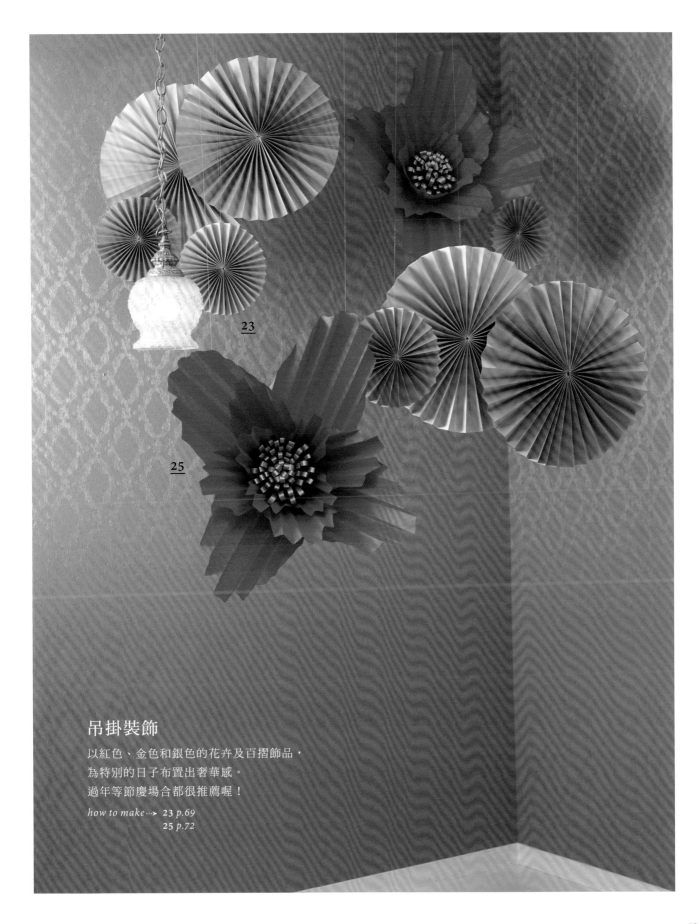

23

25

吊掛裝飾

以紅色、金色和銀色的花卉及百摺飾品，
為特別的日子布置出奢華感。
過年等節慶場合都很推薦喔！

how to make ⋯➤ **23** *p.69*
25 *p.72*

basic lesson
基礎作法&重點

只要掌握好基礎作法，材料選擇&製作皆能順利進行。

基本材料&工具　在此先了解紙張種類&容易操作的尺寸&工具的用法吧！

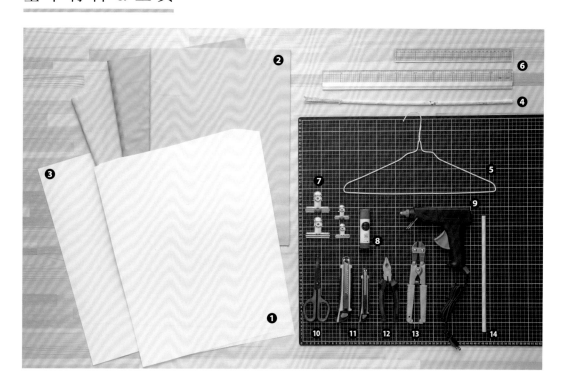

材料

❶圖畫紙…本書中使用四開（尺寸：392×542mm）&八開（尺寸：271×392mm）圖畫紙。

❷薄葉紙…所謂「薄葉紙」是指用來保護&包裝鞋子等商品的薄紙。本書中使用IP薄葉紙（尺寸：760×500mm）、蠟紙（尺寸：750×500mm）。薄葉紙可於販售包材商品的店家或網購購買。

❸厚紙板…黏合花瓣時，當作底座使用。

❹鐵絲#24…用於固定花瓣。鐵絲號數是依粗細進行編號，因為#24易於操作，故建議使用。

❺鐵衣架…用於製作花莖。

工具

❻尺…建議配合製作的花朵大小，分別選用短尺（20至30cm等）或長尺（50cm等）以便製作。

❼圓形紙夾…裁剪紙張或塗抹黏膠時，用於固定以防錯位。

❽黏膠…用於黏合花瓣等零件。

❾熱熔槍…熱熔槍是用來熔化條狀熱塑黏著劑「熱熔膠條」的工具。可從賣場或均一價商店購得。

※由於使用時會加溫熱燙，需特別注意操作。請充分閱讀商品說明書，正確地使用！

❿剪刀…用於將紙張裁剪成花瓣狀。

⓫美工刀…用於切割直線&切口。

⓬鉗子…用於彎摺鐵絲&鐵衣架。

⓭鋼絲剪…用於剪斷鐵絲&鐵衣架。

⓮圓棍…用於將花瓣作出弧形。以表面無菱角的鉛筆或原子筆代替也OK。

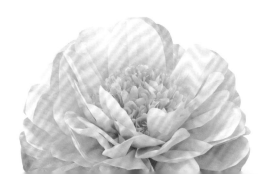

基 本 作 法

大致可區分為將花瓣一片一片地分開貼合
＆將紙張蛇腹摺的作法。
將此兩種作法進行搭配組合與變化，
就能完成各式各樣的超大朵紙花。

●貼合花瓣の作法

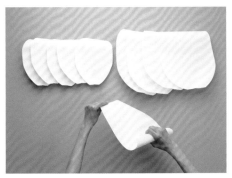

1 依紙型將紙張裁剪成花瓣形狀，再加
以整理塑型。

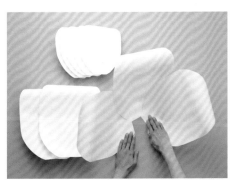

2 貼合花瓣。

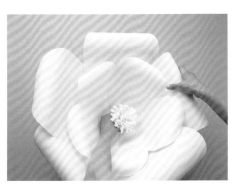

3 黏貼花芯，作最後整理。

●蛇腹摺の作法

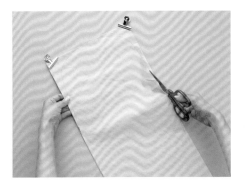

1 將紙張裁剪成花瓣狀。

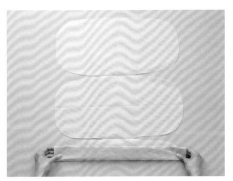

2 進行蛇腹摺。
※有時也會先進行蛇腹摺後，再裁剪成花
　瓣狀。

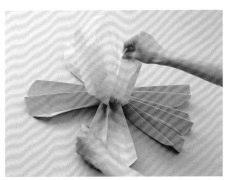

3 以鐵絲固定中心點＆上拉立起花瓣。

01 鋸齒花瓣（白色） *photo…▶p.2-3,19*

以圖畫紙製作而成的花瓣帶有韌性，
裝飾於牆面可予人時尚的印象。

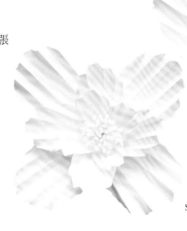

材料　[S尺寸]
　　　　・四開圖畫紙（花瓣・花芯用）……5張
　　　　[M尺寸]
　　　　・四開圖畫紙（花瓣用）……8張
　　　　・四開圖畫紙（花芯用）……1張

工具　・尺
　　　　・剪刀
　　　　・熱熔槍、熱熔膠條

M尺寸：寬約80cm

S尺寸：寬約55cm

作法

▶▶ 製作花瓣

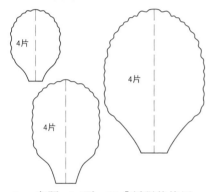

4片　4片　4片

1 參照p.24至p.25「紙張的使用」
　　&「紙型的用法」，將圖畫紙裁
　　剪成花瓣狀。製作S尺寸時，A、
　　B、C各準備4片；製作M尺寸時，
　　B、C、D各準備4片。

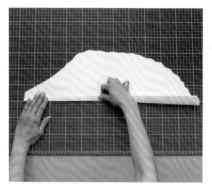

2 每片花瓣對摺後，再開始進行蛇
　　腹摺。

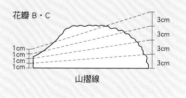

Point

將山摺線置於下方，花瓣A以左側
0.5cm、右側2cm，花瓣B・C以左
側1cm、右側3cm，花瓣D以左側
1.5cm、右側4cm的間距斜向地摺
疊。

花瓣B・C

3cm
3cm
1cm　3cm
1cm
1cm　3cm
1cm

山摺線

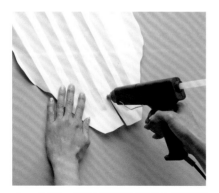

3 展開，將下側剪出切口&以熱熔
　　槍在切口處塗上黏著劑。

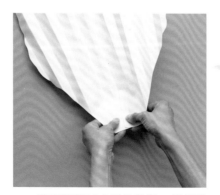

4 將下側切口處重疊黏貼，使花瓣
　　呈現立體狀。

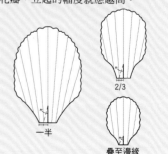

Point

藉由重疊幅度的變化，呈現出的立
體感也會有所不同。越靠近內側的
花瓣，立起的幅度就應越高。

2/3

一半

疊至邊緣

22

▶▶ 製作花芯

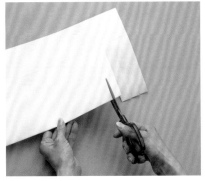

5 參照p.25，將對摺的圖畫紙以剪刀剪出切口。

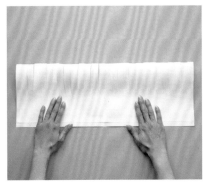

6 攤開，往摺線反方向摺疊＆貼合邊緣。

參照p.25

Point

往摺線反方向黏合時，藉由與邊緣錯開1cm，使摺線處移位，作出蓬鬆圓潤的弧度。

塗抹黏膠。

錯開1cm。

▶▶ 黏合花瓣

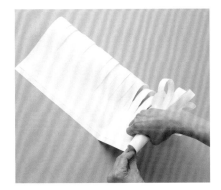

7 從邊端捲起，捲至末端以熱熔槍塗上黏著劑固定。

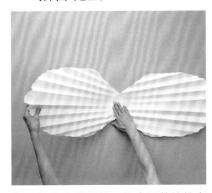

8 從大花瓣開始，依序以熱熔槍在下側塗抹黏著劑，貼合花瓣。

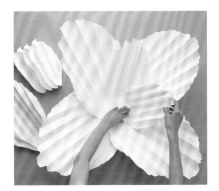

9 中型花瓣則與大花瓣呈位置交錯的方式黏貼。並以相同手法黏貼小花瓣。

▶▶ 黏貼花芯

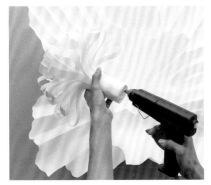

10 在花芯的下方邊緣，以熱熔槍塗抹黏著劑。

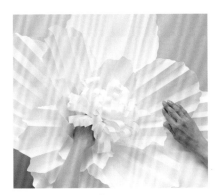

11 黏貼固定在花朵中心。

組合圖

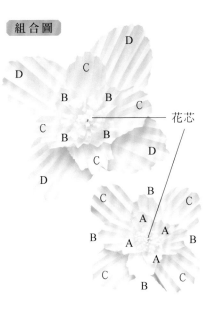

花芯

紙 型 ＊紙型請依標示%放大影印使用。

● 紙張的使用

＊將四開圖畫紙如下圖所示裁剪
A、B、C，就可以毫不浪費地
利用紙張。D則無需將四開圖畫
紙裁開，直接整張使用即可。

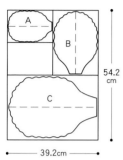

54.2
cm

39.2cm

● 紙型的用法

＊將A、B、C、D圖畫紙各自對摺
後，如下圖所示依照紙型作上記
號，再將圖畫紙裁剪成花瓣狀。

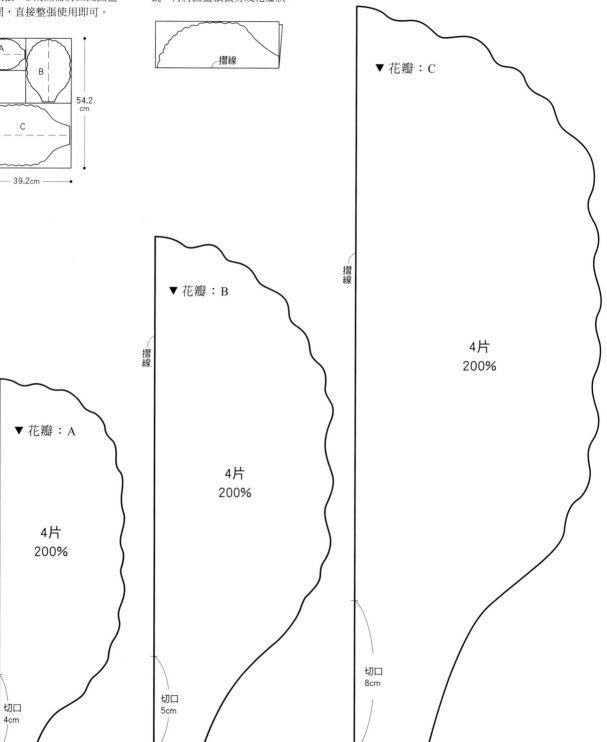

摺線

▼ 花瓣：C

摺線

4片
200%

切口
8cm

▼ 花瓣：B

摺線

4片
200%

切口
5cm

▼ 花瓣：A

摺線

4片
200%

切口
4cm

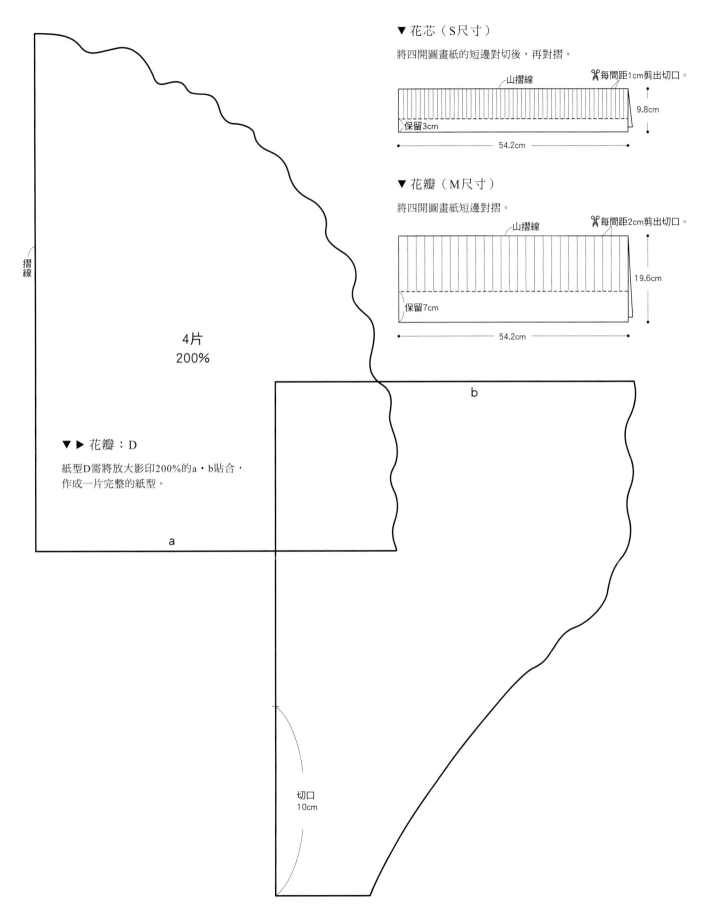

▼ 花芯（S尺寸）

將四開圖畫紙的短邊對切後，再對摺。

山摺線

✂每間距1cm剪出切口。

9.8cm

保留3cm

54.2cm

▼ 花瓣（M尺寸）

將四開圖畫紙短邊對摺。

山摺線

✂每間距2cm剪出切口。

19.6cm

保留7cm

54.2cm

摺線

4片
200%

▼▶ 花瓣：D

紙型D需將放大影印200%的a・b貼合，
作成一片完整的紙型。

a

b

切口
10cm

02 細長花瓣 *photo→p.2-3*

形狀簡單＆製作容易，也很推薦給初學者。
以各色紙張開心地製作吧！

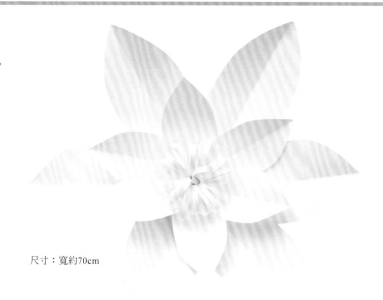

材料
・四開圖畫紙（花瓣・花芯用）……4張
・厚紙板（底座用・15×15cm）…1張

工具
・剪刀
・熱熔槍、熱熔膠條
・圓棍、鉛筆等物品

尺寸：寬約70cm

作法

▶▶ **製作花瓣**

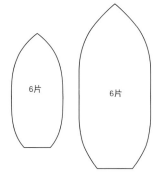

1 參考p.27「紙張的使用」＆「紙型的用法」，將圖畫紙裁成花瓣狀。A、B各準備6片。

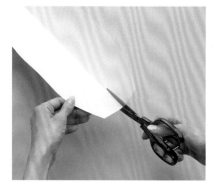

2 展開後將下側剪出切口＆以熱熔槍在切口處塗上黏著劑，如右圖所示重疊黏合，使花瓣呈現立體狀。

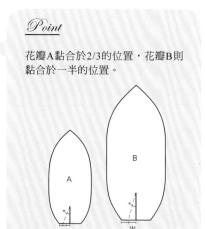

Point

花瓣A黏合於2/3的位置，花瓣B則黏合於一半的位置。

▶▶ **製作花芯**

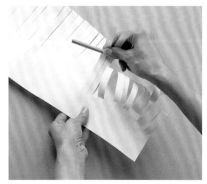

3 參照p.27，以剪刀在圖畫紙上剪出切口，再以圓棍或鉛筆刮壓切口的紙條，使其產生弧度。

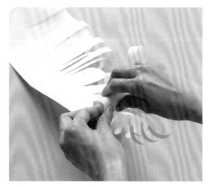

4 從邊端捲起，捲至尾端再以熱熔槍塗抹黏著劑固定。

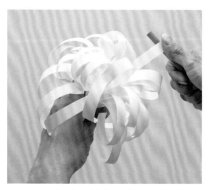

5 以圓棍或鉛筆整理花芯的捲度。

▼ 花芯　將四開圖畫紙的短邊對切後使用。

● 紙張的使用

＊將四開圖畫紙如下圖所示裁剪，就可以毫不浪費地利用紙張。

✂每間距1cm剪出切口。

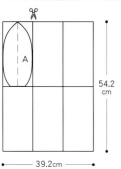

54.2cm

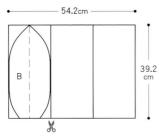

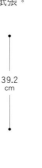

54.2
cm

39.2
cm

39.2cm

19.6cm

保留5cm

54.2cm

● 紙型的用法

＊A、B圖畫紙各自對摺後，如右圖所示依照紙型作上記號，再將圖畫紙裁剪成花瓣狀。

摺線

組合圖

▼ 花瓣：B

▶▶ **黏合花瓣**

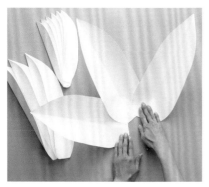

6　從較大的花瓣開始，依序以熱熔槍在下側塗抹黏著劑，貼合花瓣。第一層黏貼完畢後，先將其貼合在裁剪成直徑15cm的圓形厚紙板底座上。

▶▶ **黏貼花芯**

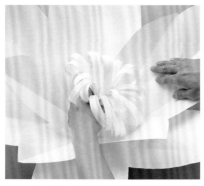

7　在花芯下方邊緣以熱熔槍塗抹黏著劑，黏貼於花朵中心處。

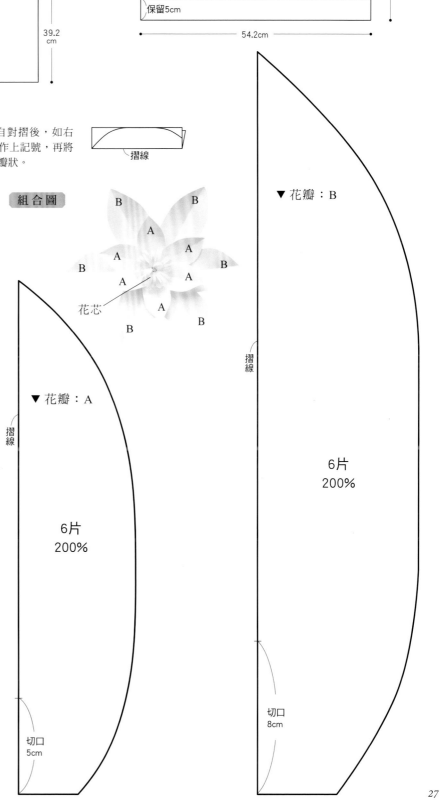

▼ 花瓣：A

摺線

6片
200%

摺線

6片
200%

切口
5cm

切口
8cm

03 外捲花瓣 *photo ⟶ p.2-3,16,17*

使花瓣捲曲，呈現可愛姿態。
花瓣的貼合位置是作出漂亮成品的重點。

材料　[S尺寸]
　　　・四開圖畫紙……3張
　　　・厚紙板（底座用・6×6cm）…1張
　　　[M尺寸]
　　　・四開圖畫紙……5張
　　　・厚紙板（底座用・16cm×16cm）…1張

工具　・剪刀
　　　・熱熔槍、熱熔膠條

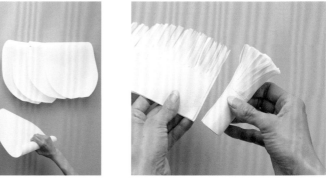

S尺寸：寬約45cm

M尺寸：寬約55cm

作法

▶▶ **製作花瓣**

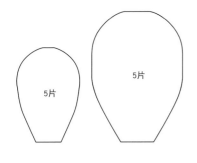

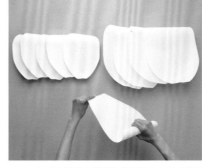

1　參照p.29「紙張・紙型的用法」，將圖畫紙裁剪成花瓣狀。S尺寸是A、B各準備5片，M尺寸是B、C各準備5片。

5片　5片

2　在各花瓣下側剪出切口，外側花瓣在一半處、內側花瓣則在2/3處黏合，使花瓣呈現立體狀。再以手輕輕外捲花瓣前端，使其彎曲。

▶▶ **製作花芯**

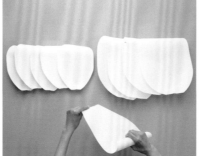

3　參照p.29「花芯」圖，以剪刀在圖畫紙上剪切口。捲好一張後，再重疊上另一張捲起，捲至末端以熱熔槍固定。

▶▶ **黏合花瓣**

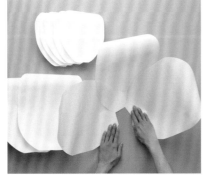

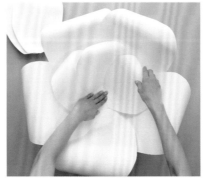

4　從大花瓣開始，依序在下方以熱熔槍塗抹黏著劑，貼合花瓣。第一層黏貼完畢後，S尺寸貼合在直徑6cm、M尺寸貼合在直徑16cm的圓形厚紙板底座上。

5　以與大花瓣相互交錯的位置，排列黏貼小花瓣。

▶▶ **黏貼花芯**

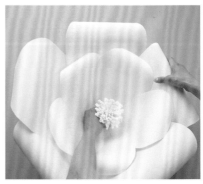

6　將花芯下方邊緣以熱熔槍塗抹黏著劑，黏貼在花朵中心位置。

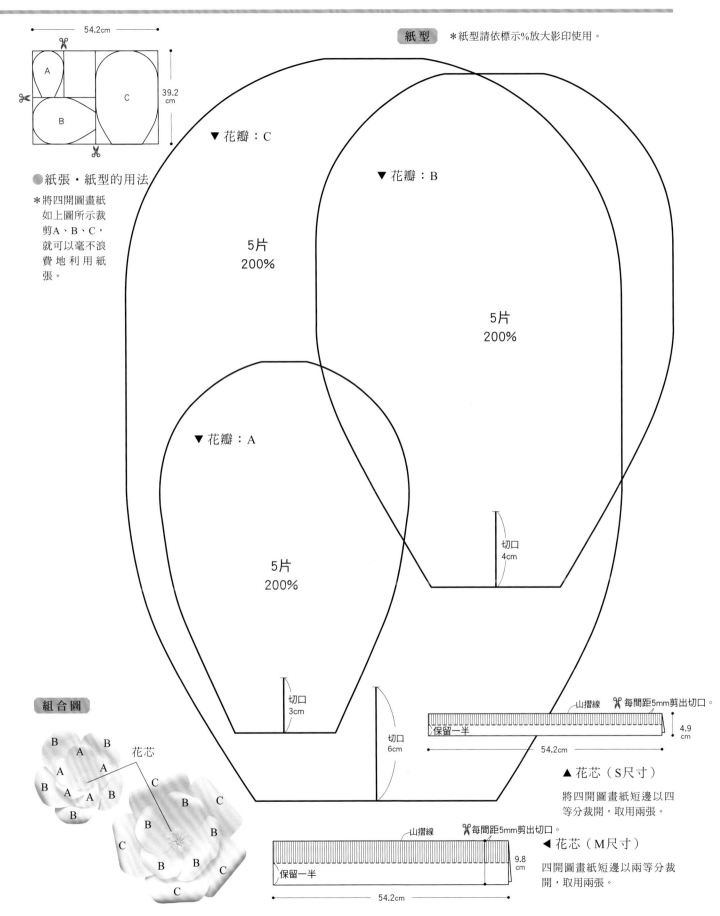

54.2cm

A

C

39.2
cm

B

●紙張・紙型的用法

＊將四開圖畫紙
如上圖所示裁
剪Ａ、Ｂ、Ｃ，
就可以毫不浪
費地利用紙
張。

▼ 花瓣：C

▼ 花瓣：B

5片
200%

5片
200%

▼ 花瓣：A

切口
4cm

5片
200%

組 合 圖

切口
3cm

切口
6cm

B
B
A
A
A
A
A
A
A
A
B
B
B

花芯

C
B
C
B
C
C
B
B
C
B
B
C
C

山摺線　　每間距5mm剪出切口。

保留一半

4.9
cm

54.2cm

▲ 花芯（S尺寸）

將四開圖畫紙短邊以四
等分裁開，取用兩張。

山摺線　　每間距5mm剪出切口。

保留一半

9.8
cm

54.2cm

◀ 花芯（M尺寸）

四開圖畫紙短邊以兩等分裁
開，取用兩張。

29

04 百摺裝飾（帶切口花紋） *photo···▶p.2-3,17*

「百摺裝飾」是如俯視盛開花朵般的圓形花飾。
自中心呈放射狀擴散是其特徵。

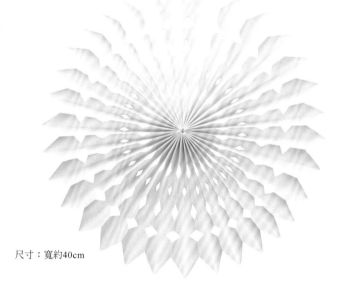

材料 ・四開圖畫紙……2張

工具 ・尺
・美工刀
・剪刀
・黏膠
・熱熔槍、熱熔膠條

尺寸：寬約40cm

作法

▶ ▶ 將紙張進行蛇腹摺

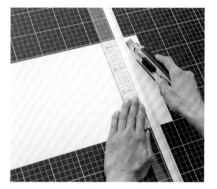

1 將四開圖畫紙的短邊對半裁開後，在長邊作3cm寬的記號，並以美工刀輕劃切痕以便摺疊。

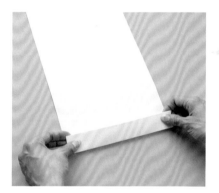

2 沿著切痕進行蛇腹摺。

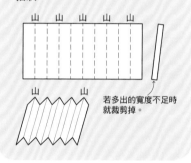

Point

若摺疊到末端發現寬度不夠時，就切除多餘的紙張，使左右兩端呈山摺狀。

山 山 山 山 山

若多出的寬度不足時就裁剪掉。

山 山

▶ ▶ 裁出切口

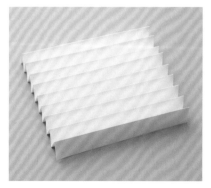

3 蛇腹摺完成。以相同作法摺製4張組件備用。

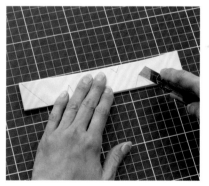

4 參照p.31「紙型的用法」，以美工刀切割。其他3張作法亦同。

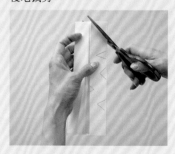

Point

以剪刀裁剪也OK。此時不要一次全部剪開，每次重疊二至三張，慢慢地裁剪。

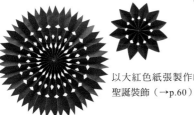

Arrangement

百摺裝飾依紙張顏色、大小、剪開切口的差異，會產生不同的感覺。本書也介紹了各種圖案的百摺裝飾。

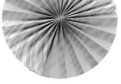

以大紅色紙張製作的
聖誕裝飾（→p.60）

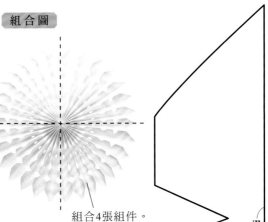

不作出切口，更簡單！
（→p.69）

紙型　＊紙型請依標示%放大影印使用。

● 紙型的用法

將蛇腹摺的圖畫紙一端邊緣，
依紙型作出裁切記號。

組合圖

組合4張組件。

► ► 貼合組件

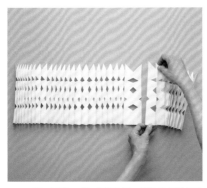

5 將步驟4的4張組件兩端分別以黏膠貼合。

Point

將山摺線重疊，對齊貼合。

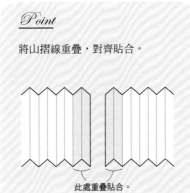

此處重疊貼合。

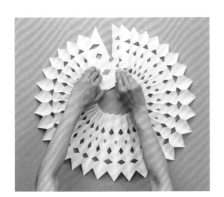

6 作成環狀＆黏合末端。

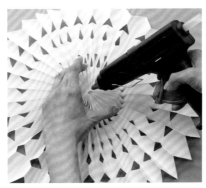

7 以熱熔槍將環中心塗上黏著劑，固定環形。

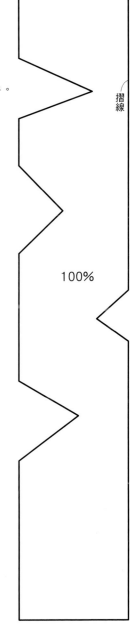

摺線

100%

05 純白捧花 *photo···▶ p.4*

蓬鬆地堆疊薄葉紙以增加分量感。
持手則以鐵衣架加工製作。

材料
- 薄葉紙……23張
- 厚紙板（四開大小）……1張
- 鐵衣架
- 緞帶（寬1.5cm）……50cm左右

工具
- 剪刀
- 熱熔槍、熱熔膠條
- 雙面膠

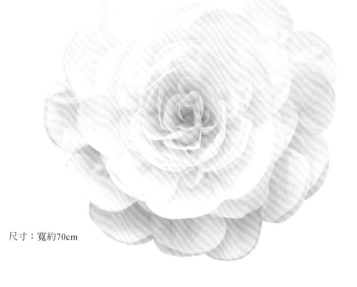

尺寸：寬約70cm

作法

▶ ▶ 製作大花瓣

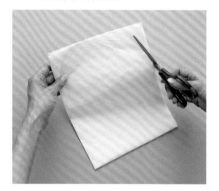

1 參照p.34「紙張的使用」&「紙型的用法」，以紙型A將薄葉紙一片片地摺疊＆裁剪。以相同作法製作22片備用。

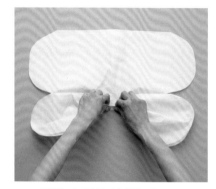

2 展開＆如圖所示抓捏下側。

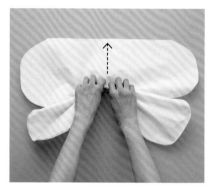

3 由下往上一點一點地抓起。

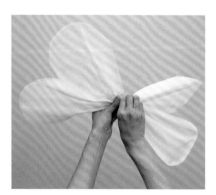

4 將抓起處扭轉兩次固定。

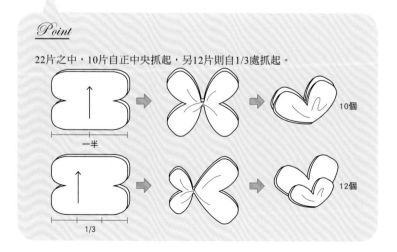

Point

22片之中，10片自正中央抓起，另12片則自1/3處抓起。

一半 → → 10個

1/3 → → 12個

►► 製作小花瓣

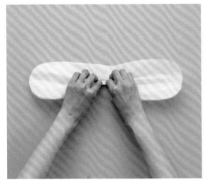

5 參照p.34的「紙張的使用」&「紙型的用法」，以紙型B將薄葉紙一片片地摺疊&裁剪。再以大花瓣相同作法往上抓起。

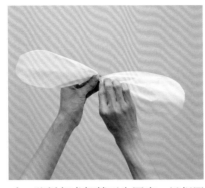

6 將抓起處扭轉兩次固定。以相同作法製作3個備用。

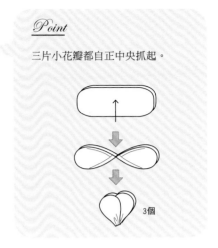

Point

三片小花瓣都自正中央抓起。

3個

►► 製作持手

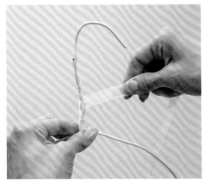

7 將鐵衣架彎成圓形後，將持手貼上雙面膠&纏上緞帶

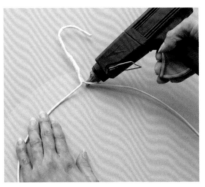

8 將厚紙板裁剪成比衣架更大一圈的圓，以熱熔槍固定。

►► 黏貼花瓣

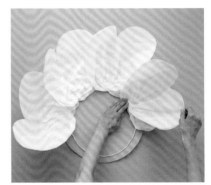

9 從步驟4的12個自1/3處抓起的花瓣中，取7個以小花瓣在外側的方式黏貼在厚紙板周圍。

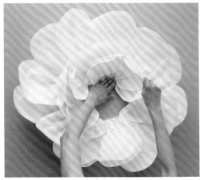

10 從10個自正中央抓起的花瓣中，取6個黏貼在內側。

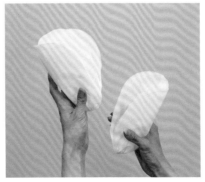

11 再黏貼上步驟9剩餘的5個&步驟10剩餘的4個，並將步驟6的花瓣組合成筒狀。

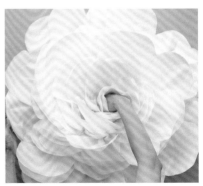

12 將步驟11黏貼在步驟10的中心處。

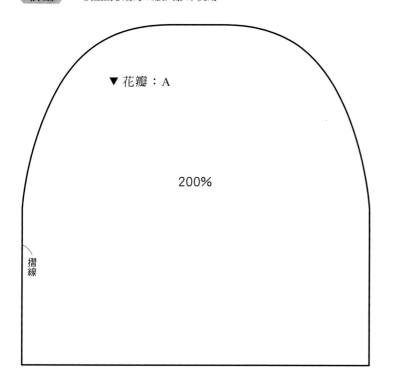

▼ 花瓣：A

200%

摺線

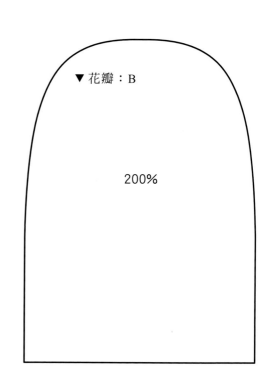

▼ 花瓣：B

200%

●紙張的使用

＊將薄葉紙如圖所示摺疊使用。

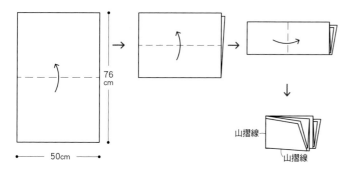

76 cm

50cm

山摺線

山摺線

●紙型的用法

＊如圖所示，將摺疊好的薄葉紙
　依照紙型在裁剪處作上記號。

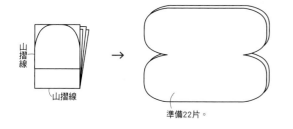

山摺線

山摺線

準備22片。

將紙張裁剪成四張。

76 cm

50cm

●紙張的使用

＊將薄葉紙如圖所示摺疊使用。

山摺線

山摺線

●紙型的用法

＊如圖所示，將摺
　疊好的薄葉紙依
　照紙型在裁剪處
　作上記號。

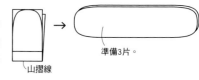

山摺線

準備3片。

組 合 圖

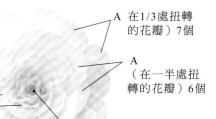

A（在1/3處扭轉
的花瓣）7個

A（在1/3處扭轉
的花瓣）5個

A
（在一半處扭
轉的花瓣）6個

A（在一半處扭
準的花瓣）4個

B　3個

06 粉色捧花 *photo → p.5*

以雙色紙張呈現微妙變化。
加上花莖後，就可以握持花莖處囉！

材料
- 薄葉紙（深粉紅色）……8張
- 薄葉紙（淺粉紅色）……8張
- 鐵絲＃24
- 鐵衣架……2支
- 包覆花莖的不織布或緞帶（寬2cm）……約2m

工具
- 圓形紙夾
- 剪刀
- 鐵衣架
- 絕緣膠帶
- 雙面膠

寸：寬（花朵部分）約45cm

作法

▶▶ 製作大花瓣

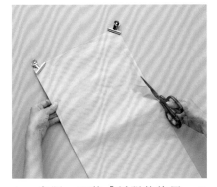

1 參照p.37的「紙張的使用」＆「紙型的用法」，依紙型A裁剪薄葉紙。將八張薄葉紙重疊摺起，並在重疊狀態下進行裁剪。

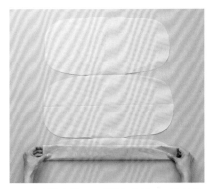

2 展開步驟1＆摺疊成寬5cm的蛇腹摺。

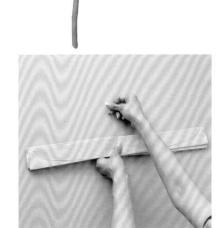

3 在步驟2的正中央以鐵絲纏繞兩圈＆扭轉固定。

▶▶ 製作中花瓣

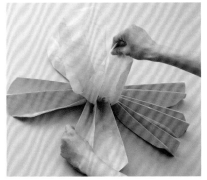

4 一片片地將步驟3的花瓣上拉立起。

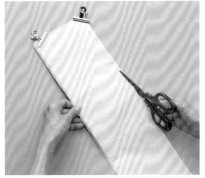

5 參照p.37的「紙張的使用」＆「紙型的用法」，依紙型B裁剪薄葉紙。將八張薄葉紙重疊摺起，並在重疊狀態下進行裁剪。

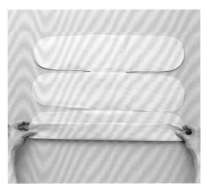

6 展開步驟5＆摺疊成寬5cm的蛇腹摺，並以步驟3、4相同作法立起花瓣。

▶▶ 製作小花瓣

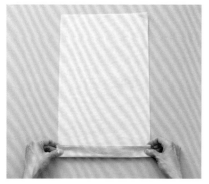

7 參照p.37的「紙張的使用」，將C紙摺成寬3cm的蛇腹摺。

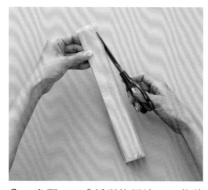

8 參照p.37「紙型的用法」，裁剪薄葉紙。

▶▶ 完成大・中・小花瓣

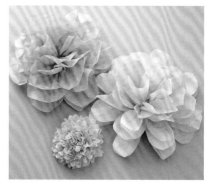

9 完成三種花瓣。

▶▶ 製作花莖

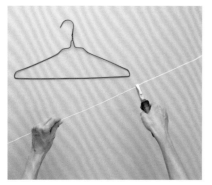

10 將兩支鐵衣架各自延展成條狀＆從距離一端30cm左右處摺起，作成鉤子狀。

▶▶ 組合花朵＆花莖

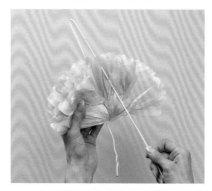

11 小花瓣的中央處勾上步驟10的其中一根鉤子。

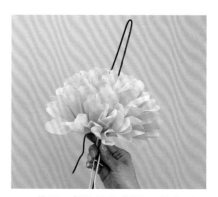

12 使另一根鉤子與步驟11的鉤子呈十字交叉狀，自相反方向勾上。

▶▶ 完成花莖

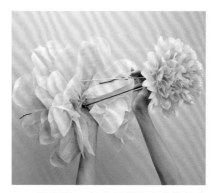

13 將步驟12的鉤子插入中花瓣的中心，再插入大花瓣的中心。

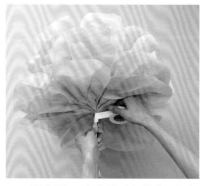

14 將步驟13在花朵下方收合，以絕緣膠帶纏繞固定。

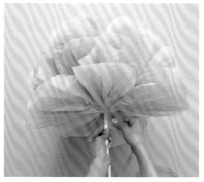

15 在花莖處黏貼雙面膠，再包覆上不織布或緞帶。

紙 型　＊紙型請依標示%放大影印使用。

●紙張的使用

＊A是將紙張如圖所示摺疊使用。
　B是將紙張裁剪成正方形後，摺
　成四摺。C則是將B剩餘的紙張
　進行蛇腹摺。

●紙型的用法

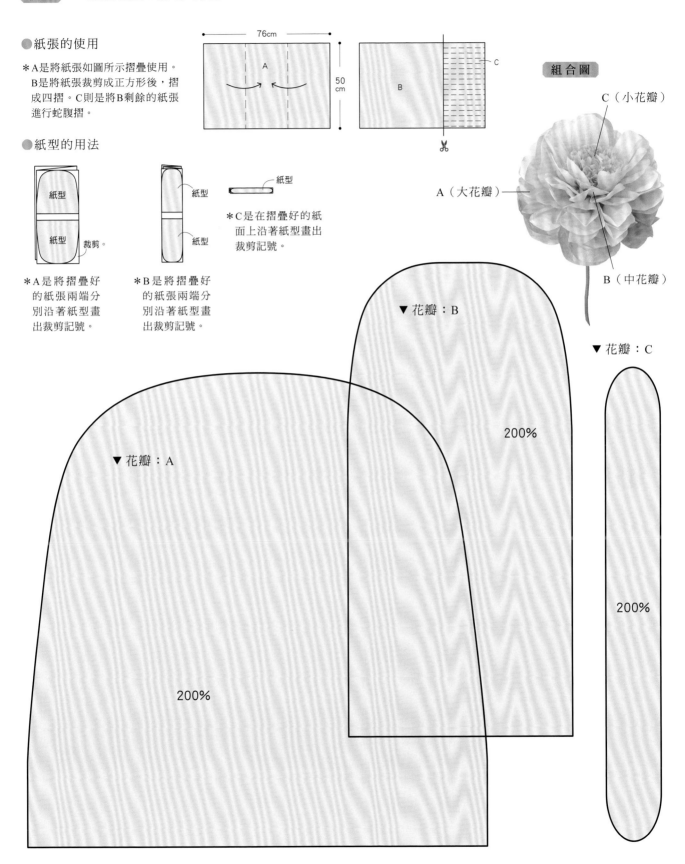

76cm

50cm

A

B

C

組合圖

C（小花瓣）

A（大花瓣）

B（中花瓣）

紙型

紙型

裁剪。

紙型

紙型

紙型

＊C是在摺疊好的紙
　面上沿著紙型畫出
　裁剪記號。

＊A是將摺疊好
　的紙張兩端分
　別沿著紙型畫
　出裁剪記號。

＊B是將摺疊好
　的紙張兩端分
　別沿著紙型畫
　出裁剪記號。

▼花瓣：B

200%

▼花瓣：C

200%

▼花瓣：A

200%

07 球花 *photo···→p.6,17*

以薄葉紙製作而成的半球形球花。
分別利用三種類的紙型，
可作成形狀、大小不同的三種樣式。

材料
- 薄葉紙（以紙型A、B製作時）……各30張
- 薄葉紙（以紙型C製作時）……15張
- 鐵絲＃24

工具
- 尺
- 剪刀

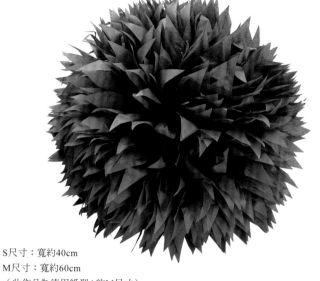

S尺寸：寬約40cm
M尺寸：寬約60cm
（此作品為使用紙型A的M尺寸）

作法

▶▶ 製作花瓣

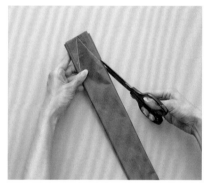

1 參照p.40「紙張的使用」＆「紙型的用法」，將蛇腹摺的薄葉紙剪成花瓣狀。A、B需製作2組相同的花瓣。

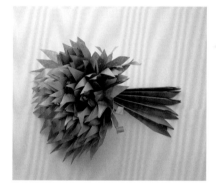

2 在步驟1的正中央以鐵絲纏繞兩圈＆扭轉固定，並將花瓣一片片立起（圖示中為立起一半花瓣的模樣）。C只需進行至此步驟將全部花瓣立起即可完成。

▶▶ 整理形狀

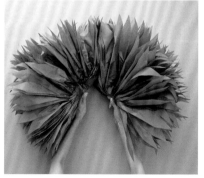

3 以紙型A、B製作時，需將步驟2製作的兩組花瓣結合在一起。

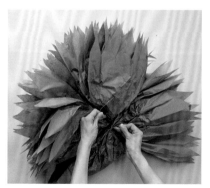

4 以鐵絲纏繞固定，整理成半球形。

Point

紙型A可製作出尖頭花瓣，紙型B可製作出圓頭花瓣，紙型C則可製作出比A花瓣更細瘦的球花。也可以參照p.39應用紙型B的變化作法，作出有花芯的款式。

使用範例

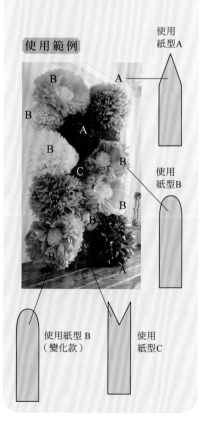

使用紙型A

使用紙型B

使用紙型B（變化款）

使用紙型C

08　球花（變化款）*photo⋯▶p.6*

在進行蛇腹摺之前，先將大小不同的薄葉紙重疊在一起，
即可作出帶有花芯的花朵。

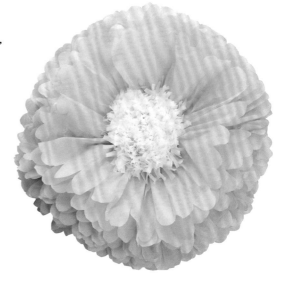

材料
・薄葉紙（花瓣用）……24張
・薄葉紙（花芯用）……10張
・鐵絲＃24

工具
・尺
・剪刀
・圓紙夾

尺寸：寬約70cm

作法

▶▶製作花瓣＆花芯

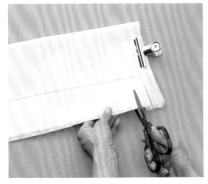

1　將花芯用的薄葉紙長邊對半裁開
後，重疊10張裁剪成相同尺寸的
紙張，對摺短邊＆自邊緣起剪出
長7cm・間距1cm的切口。以相同
作法製作2組。

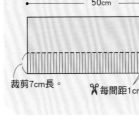

Point

在距離邊緣7cm處，以鉛筆描繪出
淺淺的線條記號後再開始剪切口，
就能輕鬆地完成作業。

50cm

19
cm

裁剪7cm長。　　✂每間距1cm剪出切口。

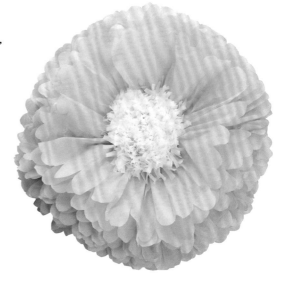
（右上）
2　重疊12片花瓣用薄葉紙，再在上
方重疊10片展開的步驟1。

▶▶整理形狀

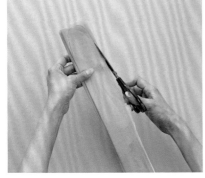

3　參照p.40的紙型B「紙張的使用」
＆「紙型的用法」，摺出寬5cm的
蛇腹摺＆裁剪成花瓣狀。以此作
法製作2組。

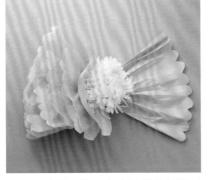

4　在步驟3的正中央以鐵絲纏繞兩
圈＆扭轉固定，再將花瓣、花芯
一片片地立起。以相同作法製作2
組。

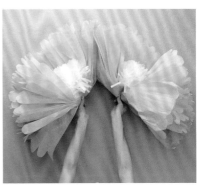

5　結合步驟4的2組，以鐵絲纏繞固
定＆整理成半球狀。

●紙張的使用

＊以紙型A、B製作時，皆需重疊15張薄葉紙 &
　作出將短邊摺成寬5 cm的蛇腹摺。

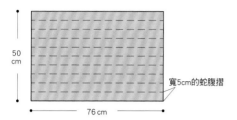

50
cm

76 cm

寬5cm的蛇腹摺

●紙型的用法

＊將蛇腹摺的薄葉紙兩端分別沿著紙型畫
　出裁剪記號。

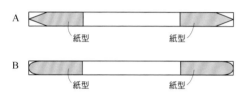

A　　　　　紙型　　　　　紙型

B　　　　　紙型　　　　　紙型

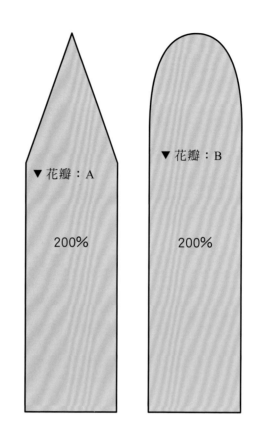

▼花瓣：A

200%

▼花瓣：B

200%

▼花瓣：C

200%

●紙張的使用

＊以紙型C製作時，重疊15
　張薄葉紙，作出將長邊摺
　成寬5cm的蛇腹摺。

80
cm

寬5cm的蛇腹摺

50 cm

組合圖

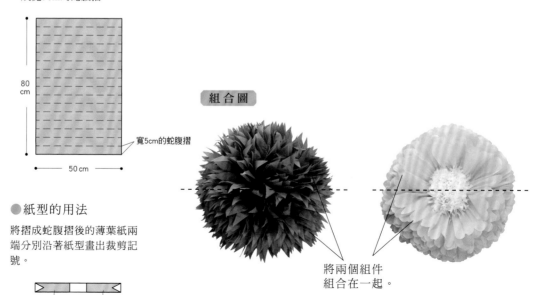

將兩個組件
組合在一起。

●紙型的用法

將摺成蛇腹摺後的薄葉紙兩
端分別沿著紙型畫出裁剪記
號。

紙型　　　紙型

09 托盤花卉（橘色・綠色） *photo⋯→p.7*

將派對送餐用的餐點盤加以活用。
改變裁紙的方式，就能作出S尺寸&M尺寸兩種樣式。

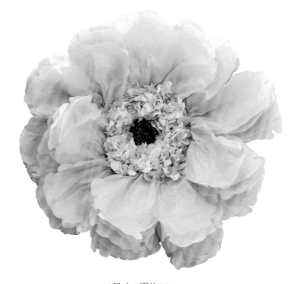

材料 [S尺寸]
・薄葉紙（花瓣用）⋯⋯淺色20張、深色20張
・薄葉紙（花芯用）⋯⋯1張
[M尺寸]
・薄葉紙（花瓣用）⋯⋯淺色20片、深色20片
・薄葉紙（花芯用）⋯⋯1張
・鐵絲#24
・聚苯乙烯製餐點盤（分隔式）⋯1個

工具 ・剪刀
・圓形紙夾
・熱熔槍、熱熔膠條

S尺寸：寬約50cm
M尺寸：寬約75cm

作法

▶▶ **製作花瓣**

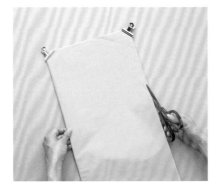

1 取淺色&深色花瓣用薄葉紙各4
張，以顏色交錯的方式重疊8張。
再參照p.43紙型A的「紙張的使
用」&「紙型的用法」，裁剪成
花瓣形狀。以相同作法製作5組。

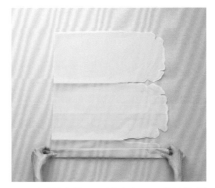

2 展開步驟1，摺出寬3cm的蛇腹摺
（圖示中使用S尺寸的A進行蛇腹
摺）。

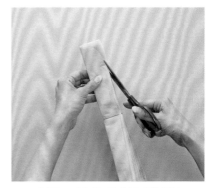

3 參照p.43紙型B的「紙型的用法」，
將步驟2中的裁剪側&對向側裁剪
成花瓣狀。5組皆以相同作法裁剪。

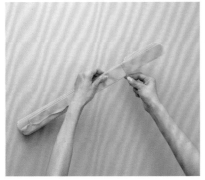

4 將步驟3以鐵絲纏繞兩圈&扭轉
固定。

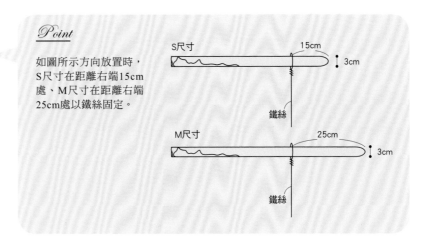

Point

如圖所示方向放置時，
S尺寸在距離右端15cm
處、M尺寸在距離右端
25cm處以鐵絲固定。

S尺寸
15cm
3cm
鐵絲

M尺寸
25cm
3cm
鐵絲

▶▶ 製作花芯

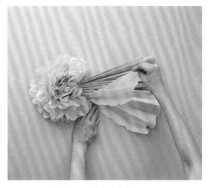

5 　將花瓣一片片地立起。

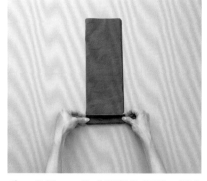

6 　參照p.43的「紙張的使用」摺出寬3cm的蛇腹摺＆以鐵絲固定。

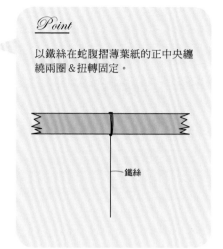

Point

以鐵絲在蛇腹摺薄葉紙的正中央纏繞兩圈＆扭轉固定。

└ 鐵絲

▶▶ 組合各組件

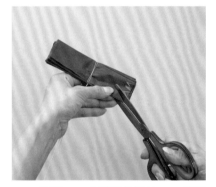

7 　參照p.43「紙型的用法」，將薄葉紙裁剪成花芯狀。

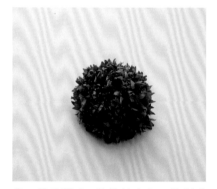

8 　將步驟6一片片地立起，整理成半球狀。

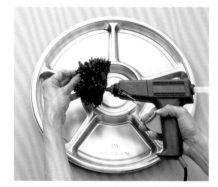

9 　在步驟8的下方以熱熔槍塗抹黏著劑，黏貼於餐點盤正中央。

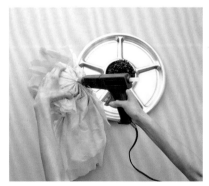

10 　在步驟5的下方以熱熔槍塗抹黏著劑，黏貼於餐點盤四周。

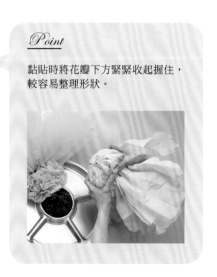

Point

黏貼時將花瓣下方緊緊收起握住，較容易整理形狀。

11 　以步驟10的相同作法將步驟5的其餘花瓣也黏貼固定。

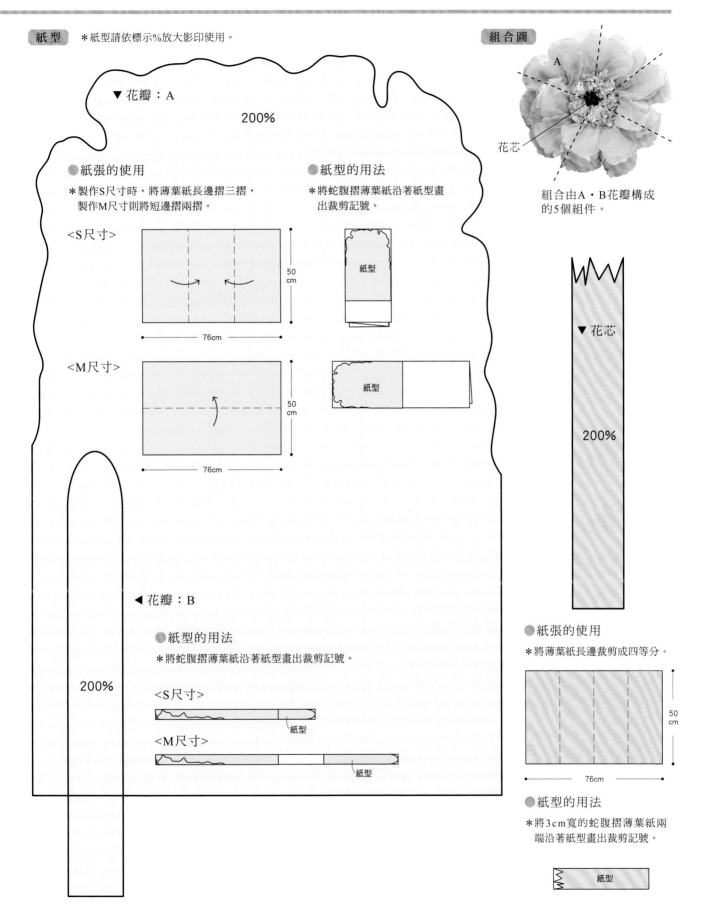

紙 型　＊紙型請依標示%放大影印使用。

組合圖

▼ 花瓣：A

200%

●紙張的使用

＊製作S尺寸時，將薄葉紙長邊摺三摺，製作M尺寸則將短邊摺兩摺。

<S尺寸>

50 cm

76cm

<M尺寸>

50 cm

76cm

●紙型的用法

＊將蛇腹摺薄葉紙沿著紙型畫出裁剪記號。

紙型

紙型

A

B

花芯

組合由A・B花瓣構成的5個組件。

▼ 花芯

200%

◀ 花瓣：B

●紙型的用法

＊將蛇腹摺薄葉紙沿著紙型畫出裁剪記號。

200%

<S尺寸>

紙型

<M尺寸>

紙型

●紙張的使用

＊將薄葉紙長邊裁剪成四等分。

50 cm

76cm

●紙型的用法

＊將3cm寬的蛇腹摺薄葉紙兩端沿著紙型畫出裁剪記號。

紙型

43

10 立式花卉 *photo···▸p.8*

以樹枝作為花莖，
作成昂首挺立般的盆栽風格花藝作品。

材料
- 圖畫紙（花瓣用）……8張
- 圖畫紙（花芯用）……1張
- 樹枝…長度&數量皆適量
- 水桶（8公升）……1個
- 沙袋（在塑膠袋中裝入砂）……3袋
- 包裝紙或布料……可包覆水桶的大小
- 橡皮繩……適量
- 緞帶……適量

工具
- 尺
- 剪刀
- 熱熔槍、熱熔膠條
- 黏膠
- 布膠帶

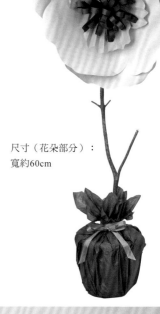

尺寸（花朵部分）：
寬約60cm

作法

▶▶ **製作花瓣**

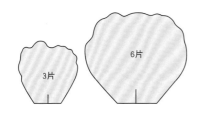

1 參照p.46「紙張・紙型的用法」，將圖畫紙裁成花瓣狀。A準備3片，B準備6片。

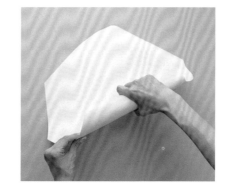

2 將A的花瓣以手輕輕捲起，使其彎曲。花瓣右側往內捲、左側往外捲，依此隨機地捲起，就能作出層次。

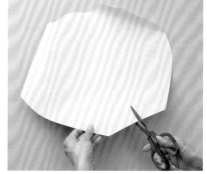

3 在花瓣下側剪出切口後，將切口處以熱熔槍塗上黏著劑&重疊黏貼，使花瓣呈現立體感。

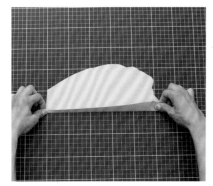

4 將B的花瓣在對摺狀態下進行蛇腹摺。再將下側剪出切口，以步驟3相同作法使花瓣呈現立體感。

Point

A的山摺線置於下方，一邊寬1cm、另一邊寬3cm地斜向摺疊。

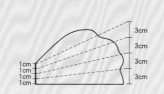

A花瓣在1/3處、B花瓣在一半處重疊黏貼。

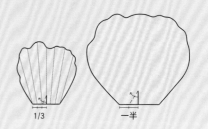

▶▶ 製作花芯

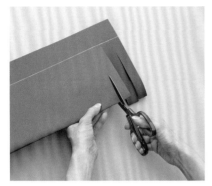

5 　參照p.47，將對摺的圖畫紙以剪刀剪出切口。

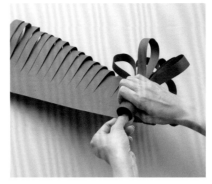

6 　將5展開後，往褶痕反方向摺疊＆黏貼邊緣固定。再從邊端捲起，捲至末端以熱熔槍固定（→參考p.23的步驟5至7）。

▶▶ 貼合花瓣

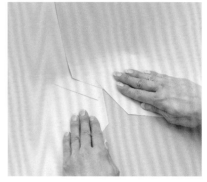

7 　從大花瓣開始，依序以熱熔槍在下側塗抹黏著劑，貼合花瓣。首先黏貼B的三片花瓣作為第一層。

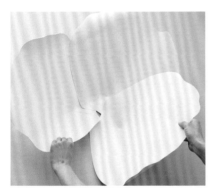

8 　步驟7是自三片花瓣下側以組合的方式進行黏貼，如此的作法較容易固定。

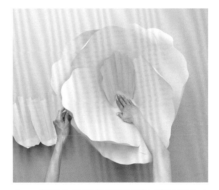

9 　黏貼B的三片花瓣作為第二層＆A花瓣作為第三層。第一層、第二層、第三層的花瓣皆以位置交錯為原則進行黏貼。

▶▶ 黏貼花芯

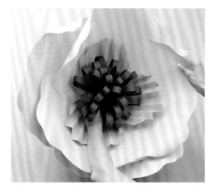

10 　以熱熔槍在花芯下方邊緣處塗抹黏著劑，黏貼於花朵中心。

▶▶ 製作花莖

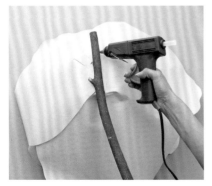

11 　以熱熔槍在花朵底部背面塗抹黏著劑，固定樹枝前端。

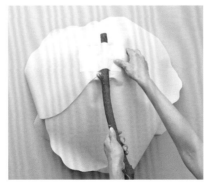

12 　以布膠帶黏貼步驟11加強固定。

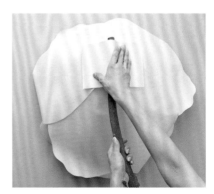

13 　裁剪與花瓣相同顏色的圖畫紙黏貼在步驟12上，以遮蓋布膠帶。

▶▶ 固定花莖

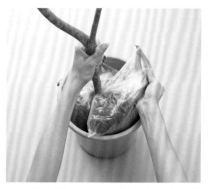

14 將步驟13的下方插入水桶中，放入沙袋使其穩定。

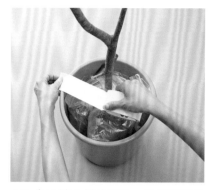

15 為了防止樹枝移動，以布膠帶黏貼固定。

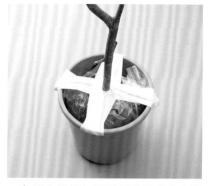

16 將布膠帶如圖所示黏貼成十字狀固定樹枝。

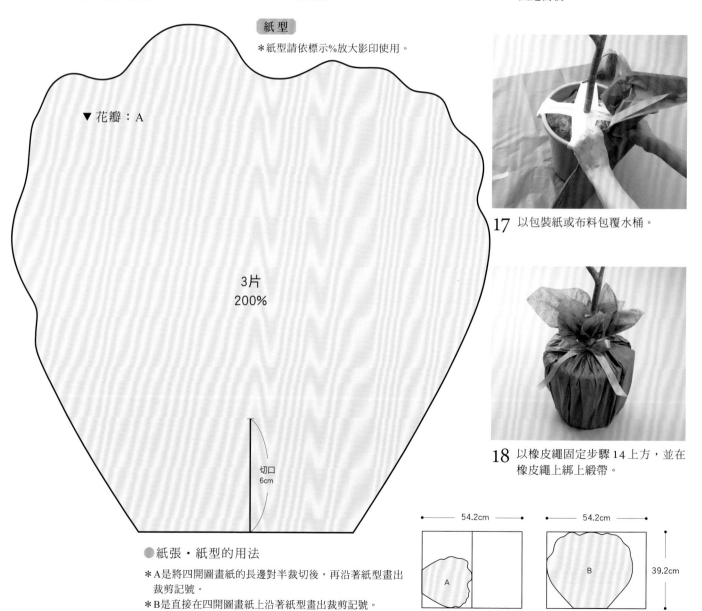

17 以包裝紙或布料包覆水桶。

18 以橡皮繩固定步驟14上方，並在橡皮繩上綁上緞帶。

紙型
＊紙型請依標示%放大影印使用。

▼ 花瓣：A

3片
200%

切口
6cm

● 紙張・紙型的用法
＊A是將四開圖畫紙的長邊對半裁切後，再沿著紙型畫出裁剪記號。
＊B是直接在四開圖畫紙上沿著紙型畫出裁剪記號。

54.2cm

54.2cm

A

B

39.2cm

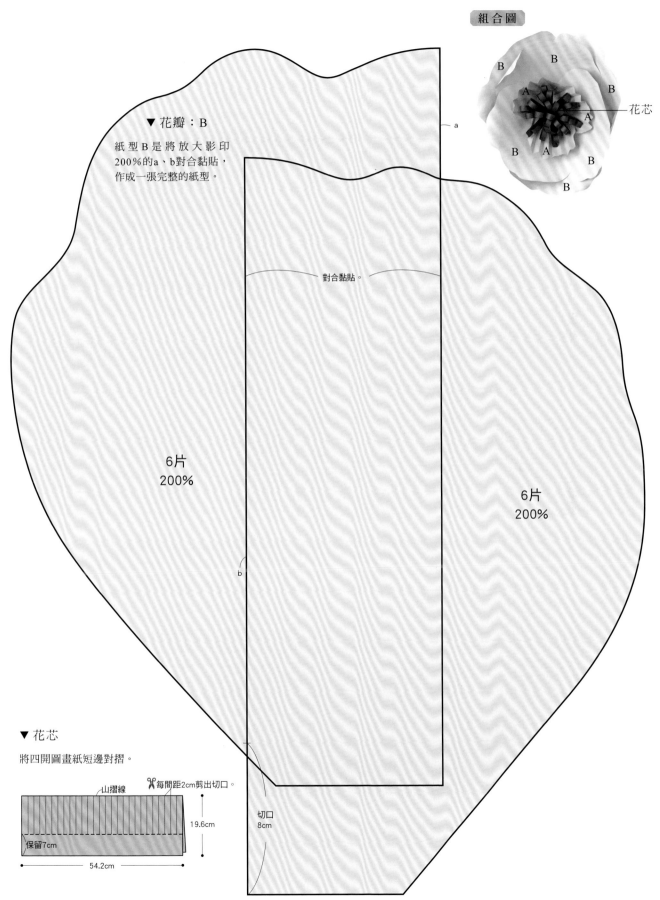

▼ 花瓣：B

紙型 B 是 將 放 大 影 印 200％的a、b對合黏貼，作成一張完整的紙型。

對合黏貼。

6片
200%

6片
200%

花芯

A

B

▼ 花芯

將四開圖畫紙短邊對摺。

山摺線

每間距2cm剪出切口。

保留7cm

19.6cm

54.2cm

切口
8cm

11　餐桌花飾　*photo···▶p.9,16*

以瓣數不同的花片組合製作而成。
藉由捲曲花瓣，展現出猶如玫瑰般的華麗感。

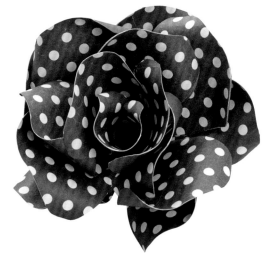

材料

・八開圖畫紙……2張
　（或約20×20cm大小的圖畫紙……3張）
・圖畫紙（花底用・約1.5 ×1.5cm）……1張

工具

・剪刀
・圓棍或鉛筆
・黏膠
・熱熔槍、熱熔膠條

尺寸：寬約15cm

作法

▶▶ 製作花瓣

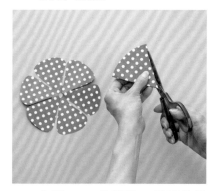

1　參照p.49「紙張・紙型的用法」，將圖畫紙裁成花片狀。以相同作法製作3片。

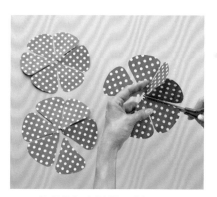

2　將花片如右圖所示分切。

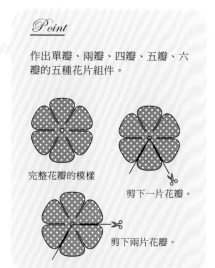

Point

作出單瓣、兩瓣、四瓣、五瓣、六瓣的五種花片組件。

完整花瓣的模樣

剪下一片花瓣。

剪下兩片花瓣。

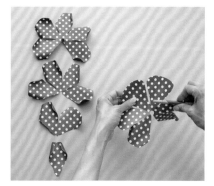

3　以圓棍或鉛筆將花瓣作出弧度。捲曲的方向，前後左右隨機即可。

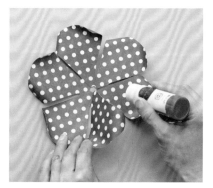

4　將六瓣、五瓣、四瓣花片各自的其中一片花瓣整面塗上黏膠，再與隔壁的花瓣貼合，作出立體感。

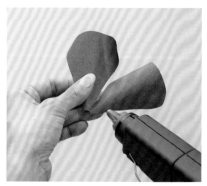

5　兩瓣花片則是將兩片花瓣邊緣稍微重疊，以熱熔槍塗抹黏著劑黏合。

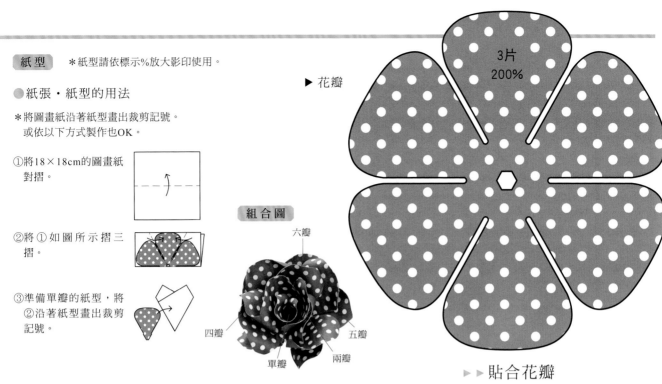

＊紙型請依標示%放大影印使用。

●紙張・紙型的用法

＊將圖畫紙沿著紙型畫出裁剪記號。
　或依以下方式製作也OK。

①將18×18cm的圖畫紙
　對摺。

②將①如圖所示摺三
　摺。

③準備單瓣的紙型，將
　②沿著紙型畫出裁剪
　記號。

▶ 花瓣

3片
200%

組合圖

六瓣

四瓣　　　五瓣

單瓣　　兩瓣

▶▶ 貼合花瓣

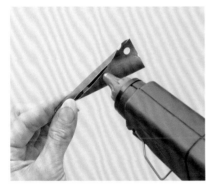

6　將單瓣花片捲成圓錐狀，以熱熔
　　槍在邊緣塗抹黏著劑後貼合。

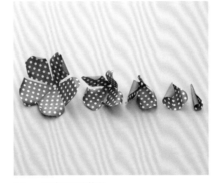

7　備齊五種花片。

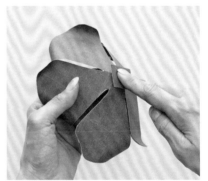

8　將花底用圖畫紙黏貼在花朵底部。

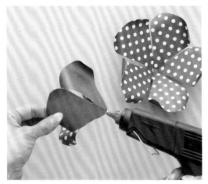

9　以熱熔槍在五瓣花片的（其中兩
　　片花瓣黏合在一起，所以看起來
　　是四瓣）下方塗抹黏著劑。

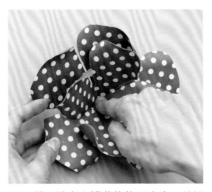

10　將9貼在六瓣花片的正中央。並以
　　相同方式黏貼其他花瓣。每層花
　　瓣重疊成兩層的地方，請盡量錯
　　開黏貼。

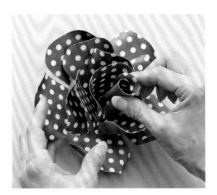

11　最後將單瓣花片插入＆黏合於正
　　中央。

12 戒枕　*photo···▶p.9*

花瓣推薦使用具有一定張力的銀色紙張，
放置戒指的花芯部分則使用薄葉紙。

材料	・四開圖畫紙（較硬挺的紙款）……1張

・四開圖畫紙（較硬挺的紙款）……1張
・薄葉紙……3色・各1張（共3張）
・鐵絲＃24
・緞帶（寬0.5cm）……2色・各50cm×2條
・珍珠（直徑1cm）……2個

工具　・剪刀
　　　・圓棍或鉛筆
　　　・熱熔槍、熱熔膠條

尺寸（花朵部分）：
寬約23cm

組合圖

花芯

作法

▶▶ 製作花瓣

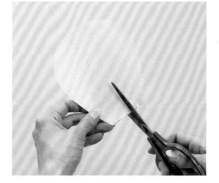

1　使用p.51的紙型A、B，將圖畫紙裁剪成花瓣狀，再在各花瓣下側剪出切口＆黏合成立體狀。

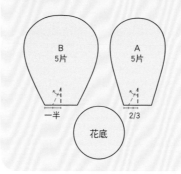

Point

A花瓣在2/3處黏合，B花瓣在一半的位置黏合。

B
5片
一半

A
5片
2/3

花底

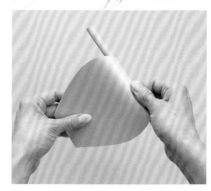

2　以圓棍或鉛筆將花瓣前端作出弧度。

▶▶ 製作花芯

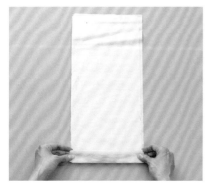

3　將3張薄葉紙的長邊各自裁剪成四等分後，將12張薄葉紙依顏色變化交錯疊合＆摺成寬2cm的蛇腹摺。

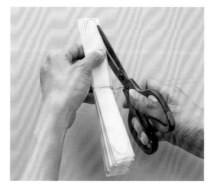

4　正中央以鐵絲纏繞兩圈＆扭轉固定。再使用p.51的紙型C，將紙張兩端裁剪成花瓣狀。

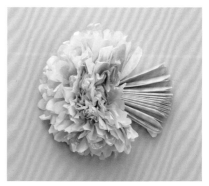

5　將花瓣一片片地立起（圖示為立起一半的模樣）。

▶▶ 貼合花瓣

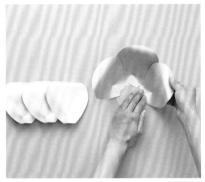

6 使用p.51的花底紙型，將圖畫紙裁剪成圓形。從大花瓣開始，依序以熱熔槍在下側塗抹黏著劑，將花瓣黏貼於花底四周。

紙型 ＊紙型請依標示%放大影印使用。

▶▶ 黏貼花芯

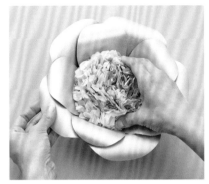

7 將花芯黏貼於中心位置。

▶▶ 組合組件

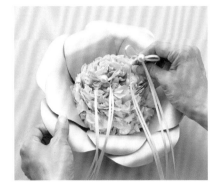

8 在花芯中插入貼上緞帶的珍珠。

Point

將兩條顏色不同，長50cm的緞帶一起打蝴蝶結＆在正中央纏繞鐵絲固定。再以熱熔槍將珍珠塗上熱熔膠，黏貼在蝴蝶結上。以相同作法製作2個。

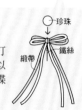

▼花瓣：A

5片
100%

▼花底

1片
100%

▼花瓣：B

5片
100%

▼花芯

100%

切口
2.5cm

切口
2.5cm

13　球花吊燈　*photo ●→ p.10-11, 17*

串起五種不同大小的球花，
作成繽紛的吊燈風格。

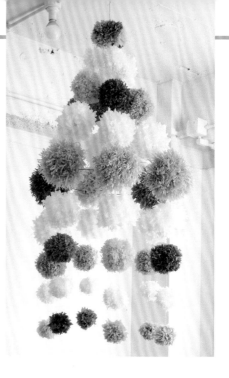

材料
- 薄葉紙（SS-①尺寸用）……3張
- 薄葉紙（S尺寸用）……18張
- 薄葉紙（M尺寸用）……24張
- 薄葉紙（L尺寸・SS-②尺寸用）……36張
- 鐵絲 # 24
- 鐵衣架……2支
- 釣魚線

工具
- 尺
- 剪刀
- 絕緣膠帶
- 熱熔槍
　熱熔膠條
- 鐵衣架

SS-①・SS-②尺寸：
　　　寬約12cm
S尺寸：寬約17cm
M尺寸：寬約20cm
L尺寸：寬約22cm

作法

▶▶ 製作球花

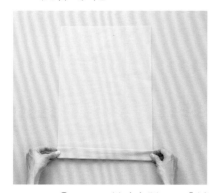

1　SS-①、S、L尺寸參照p.54「紙張・紙型的用法」，各自依指定張數、寬度進行蛇腹摺（圖示為S尺寸）。

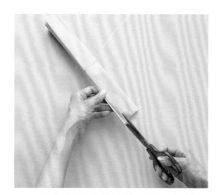

2　在中央以鐵絲纏繞兩圈＆扭轉固定，並參照p.54以5mm的間距剪出切口。

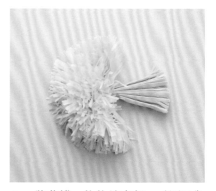

3　將花瓣一片片地立起。（圖示為立起一半的模樣）。

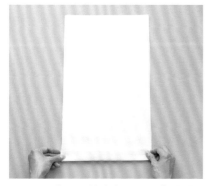

4　SS-②、M尺寸參照p.54「紙張・紙型的用法」各自依指定張數、寬度進行蛇腹摺（圖示為M尺寸）。

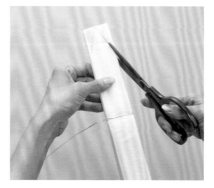

5　在正中央以鐵絲纏繞兩圈＆並扭轉固定，並參照p.54「紙張・紙型的用法」，使用紙型A、B裁剪成花瓣形狀。

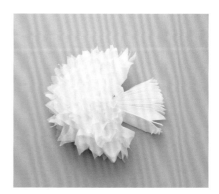

6　將花瓣一片片地立起。（圖示為立起一半的模樣）。

▶▶ 組合球花

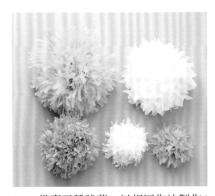

7 備齊五種球花。以相同作法製作6個L尺寸＆其他尺寸各12個。

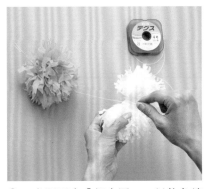

8 參照下方「組合圖」，以釣魚線串起五種大小的9個球花。以相同作法製作6條。

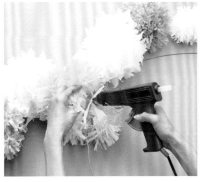

9 參照下圖將步驟8的6條組合起來。

Point

1 串起9個球花。
間隔（釣魚線長度）請參考右圖標示長度。從上方開始，依序以釣魚線在各球花中央纏繞兩圈進行串接。

2 以兩支鐵衣架製作圓環。
將兩支鐵衣架拉開後銜接成環狀，並以絕緣膠帶將銜接處纏繞固定。

鐵衣架

絕緣膠帶

3 作成吊燈樣式。
將6條球花串的L尺寸球花固定在以鐵衣架作成的圓環上，並將固定於最上方SS-①球花正中央的鐵絲聚集起來＆扭轉製作成環狀，使其能夠吊掛。

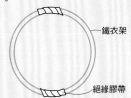

鐵絲

組合圖

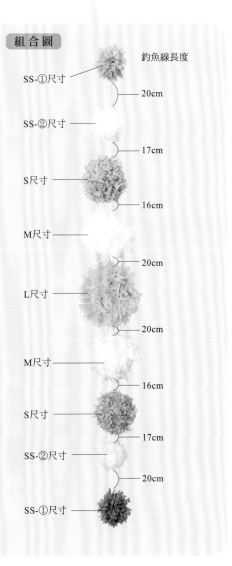

釣魚線長度

SS-①尺寸
— 20cm
SS-②尺寸
— 17cm
S尺寸
— 16cm
M尺寸
— 20cm
L尺寸
— 20cm
M尺寸
— 16cm
S尺寸
— 17cm
SS-②尺寸
— 20cm
SS-①尺寸

紙型 ＊紙型請依標示%放大影印使用。

●紙張・紙型的用法

＊依照製作球花的種類，如下圖所示變化薄葉紙的大小。

<SS-①尺寸>

＊如下圖所示重疊5張裁剪好的薄葉紙後，摺成寬2cm的蛇腹摺。

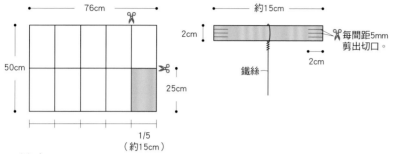

<S尺寸>

＊如下圖所示重疊12張裁剪好的薄葉紙後，摺成寬2cm的蛇腹摺。

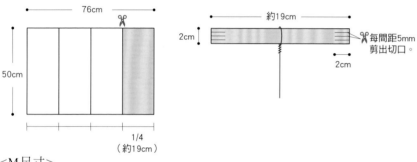

<M尺寸>

＊如下圖所示重疊12張裁剪好的薄葉紙後，摺成3cm寬的蛇腹摺，兩端再分別沿著紙型B畫出裁剪記號。

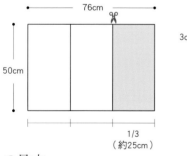
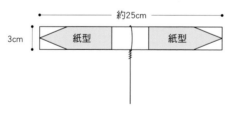

<L尺寸>

＊如下圖所示重疊12張裁剪好的薄葉紙後，摺成3cm寬的蛇腹摺。

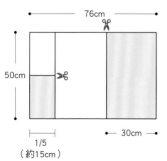
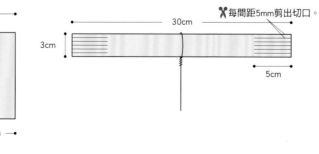

▼花瓣：A　　▼花瓣：B

100%　　100%

<SS-②尺寸>

＊使用L尺寸剩餘的紙張。重疊5張薄葉紙＆摺成寬2cm的蛇腹摺後，在兩端沿著紙型A畫出裁剪記號。

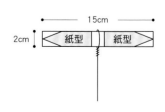

14　彩色大花　*photo→p.10-11*

只要將紙張依喜歡的尺寸＆數量重疊摺起即可完成！
推薦使用繽紛且帶有光澤的蠟紙。

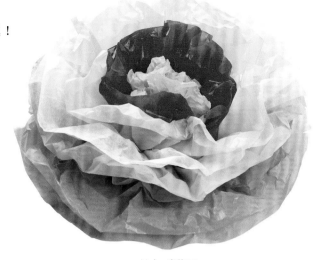

材料　・薄葉紙（蠟紙）……8張
　　　　・鐵絲＃24
　　　　・緞帶（喜歡的顏色、寬度）

工具　・剪刀

尺寸：寬約45cm

作法

▶▶ **製作花瓣**

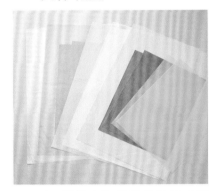

1　在8張紙中取想要的數量（建議2至3張）對切＆依喜好順序重疊。

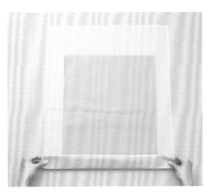

2　摺成寬5cm的蛇腹摺後，在正中央以鐵絲纏繞兩圈＆扭轉固定。

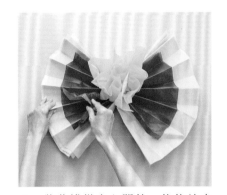

3　將花瓣從中心開始一片片地立起。

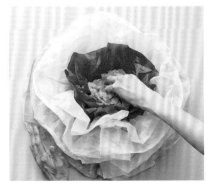

4　將中心花瓣揉捏得皺皺的製作成花芯，並調整其他花瓣形狀。

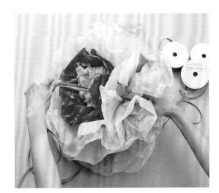

5　想要綁在椅子等物體上時，從花朵中央處纏繞上長長的緞帶，即可用來打結固定。

組合圖

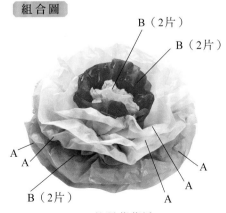

B（2片）
B（2片）
A
A
A
A
B（2片）
A

A：整張薄葉紙
B：半張薄葉紙

15 花形掛旗 *photo→p.12*

將蛇腹摺的圖畫紙組合，
製作成花朵形狀。

材料 ・四開圖畫紙……1張
・鐵絲＃24

工具 ・剪刀
・熱熔槍、熱熔膠條

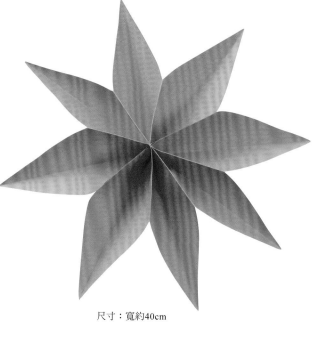

尺寸：寬約40cm

作法

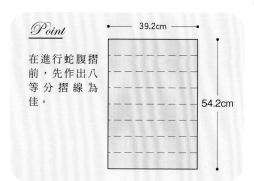

Point

在進行蛇腹摺
前，先作出八
等分摺線為
佳。

39.2cm

54.2cm

▶▶ 製作花瓣

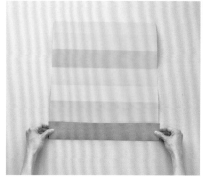

1 將四開圖畫紙的長邊進行八等分蛇腹摺。

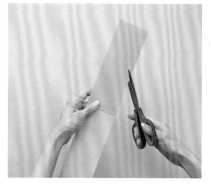

2 在正中央以鐵絲纏繞兩圈＆扭轉固定，再如右圖所示自距離兩端11cm處斜向裁剪。

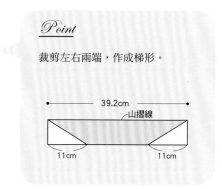

Point

裁剪左右兩端，作成梯形。

39.2cm

山摺線

11cm 11cm

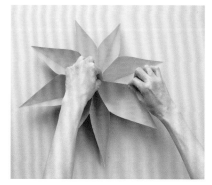

3 將步驟2的兩外側梯形短邊以熱熔槍塗抹黏著劑後，各自抓合黏貼，展開花瓣。

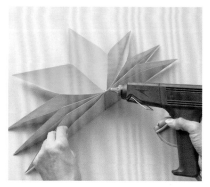

4 如果想做出更多瓣的造型，也可以依步驟1至3相同方式再作一張，將兩張黏合。

組 合 圖

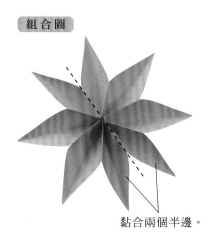

黏合兩個半邊。

<u>16</u>　托盤花卉（紫色）　*photo···▶p.12*

將p.41至p.43的花瓣形狀＆顏色加以變化，
作成萬聖節風格。

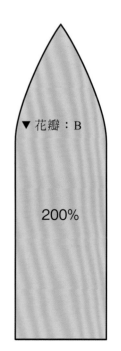

尺寸：寬約80cm

材料
- 薄葉紙（花瓣用）……淺色20張、深色20張
- 薄葉紙（花芯用）……2張
- 鐵絲＃24
- 聚苯乙烯製餐點盤（分隔款）……1個

工具
- 剪刀
- 圓形紙夾
- 熱熔槍、熱熔膠條

作法

▶▶ **製作花瓣**

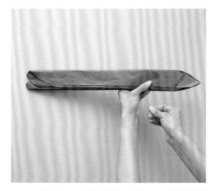

1　參照p.41的步驟1至5，製作花
　瓣。以相同作法製作5組。

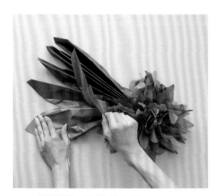

2　將花瓣一片片地立起。

▶▶ **製作花芯＆進行組合**

參照p.42至p.43的步驟6至11，製作
花芯。花芯則使用p.43紙型。並將花芯
＆花瓣黏貼在餐點盤上。

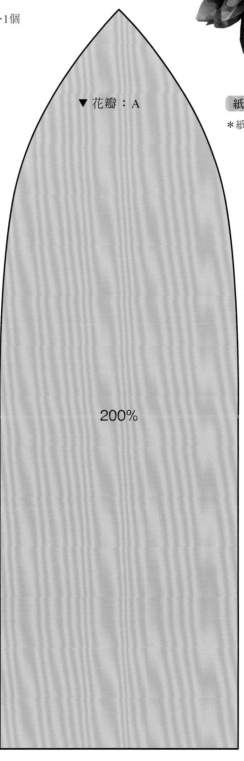

▼花瓣：A

200%

紙 型

＊紙型請依標示%放大影印使用。

組 合 圖

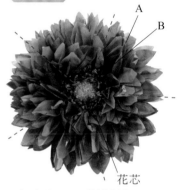

A
B

花芯

組合由A・B花瓣製作
而成的5個組件。

▼花瓣：B

200%

17 聖誕樹 *photo···▶p.13*

將18張大圖畫紙摺疊黏貼，組合成立體狀。
由於可以摺疊收納，僅需製作一次，每年都能取出使用。

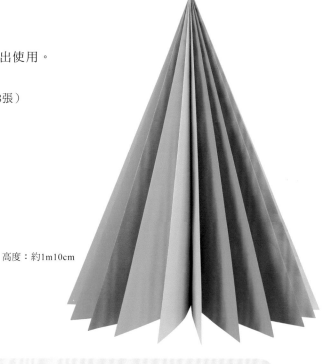

高度：約1m10cm

材料 ・圖畫紙（全開：788×1091mm）…6色×各3張（共18張）

工具 ・透明膠帶

作法

▶▶ 黏合 & 摺疊圖畫紙

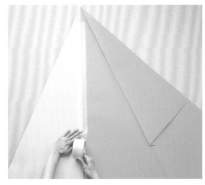

1 將18張圖畫紙如右圖所示，各
自以透明膠帶黏合 & 一片片地摺
疊。最後再將紙張邊端黏合，展
開成樹木狀。

組合圖

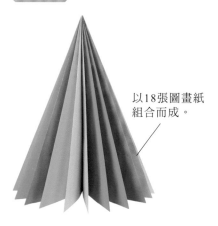

以18張圖畫紙
組合而成。

Point

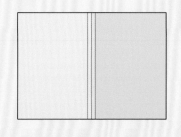

1　如同作成書本一般，將18
張圖畫紙的一端以透明膠
帶相互黏合。

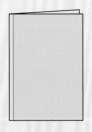 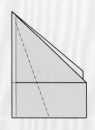 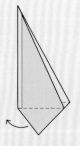

2　將透明膠帶未黏
合的一端邊角如
圖所示摺疊。

3　將 2 摺出的上方
摺角，再次等分
摺疊。

4　將下方多出的邊
角往內側摺入。

5　黏合邊端 & 邊端，
展開立起。

18 星形掛飾 *photo···→p.13*

以六個零件組合製作而成。
在此使用帶有光澤的金色紙張呈現華麗感。

材料 [S尺寸]
　　　・八開圖畫紙……3張
　　　[M尺寸]
　　　・八開圖畫紙……6張
　　　・釣魚線

工具 ・尺
　　　・剪刀
　　　・釘書機
　　　・熱熔槍、熱熔膠條

S尺寸：寬約50cm

M尺寸：寬約70cm

組合圖

組合6個組件。

►► 製作組件

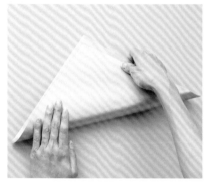

1 將圖畫紙裁剪成正方形，對齊對角摺疊兩次，摺成三角形。S尺寸則是將八開圖畫紙對切後使用。

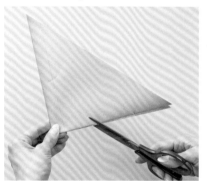

2 如右圖所示剪出切口。

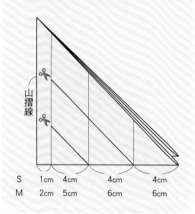

Point

如圖所示以鉛筆畫出淺淺的線條＆裁剪粗線部分。

山摺線

S	1cm	4cm	4cm	4cm
M	2cm	5cm	6cm	6cm

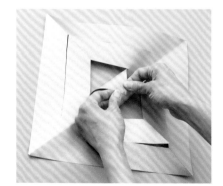

3 以熱熔槍在切口最內側的角上塗抹黏著劑，與對角黏合。第二層角的則摺向相反方向黏合＆以相同作法將外側角再往反方向彎摺黏合。以相同作法製作6組。

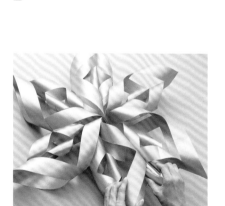

4 統一步驟3的六個組件方向，以釘書機固定中心＆兩兩相鄰的接點處。最後再整理形狀，以熱熔槍黏貼固定。

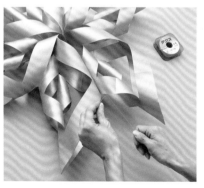

5 在中心處纏繞上釣魚線，即可吊掛裝飾。

<u>19</u> 百摺裝飾（帶切口花紋）*photo···▶p.13*

作法與p.30至p.31的百摺裝飾相同。
僅改變切口，展開時就會產生不同的花紋。

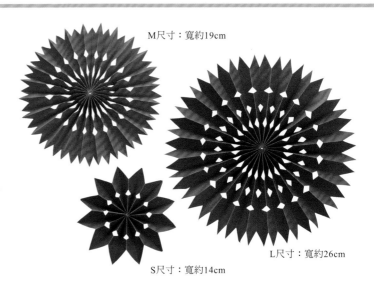

M尺寸：寬約19cm

L尺寸：寬約26cm

S尺寸：寬約14cm

材料　[S尺寸]
　　　・四開圖畫紙……1張
　　　[M尺寸]
　　　・四開圖畫紙……1張
　　　[L尺寸]
　　　・四開圖畫紙……1張
　　　※若同時製作三種尺寸時，準備兩張紙
　　　　即可（一張即可作出S・M尺寸）。

工具　・尺
　　　・美工刀
　　　・剪刀
　　　・黏膠
　　　・熱熔槍
　　　　熱熔膠條

作法

▶▶ 將紙張進行蛇腹摺

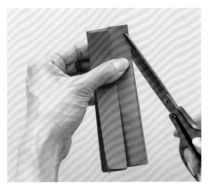

1 將S、M、L分別參照「紙張的使用」，摺成寬2cm的蛇腹摺。為了方便摺疊，先以美工刀作出淺淺的刀痕。

▶▶ 剪切口＆組合零件

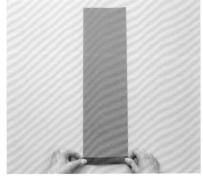

2 使用紙型，剪出切口。S尺寸製作1片，M、L尺寸則是製作2片相同組件後，以黏膠黏合邊緣。中心再以熱熔槍塗抹熱熔膠，使環形固定。

紙型

＊紙型請依標示%放大影印使用。

● 紙張的使用

＊紙型A是將四開圖畫紙短邊六等分裁開後，取1張使用；
　紙型B是將四開圖畫紙短邊四等分裁開後，取2張使用；
　紙型C則是將短邊分為三等分裁開後，取1張使用。

A　1/6

B　1/4

C　1/3

▼ 瓣：C

▶ 花瓣：B

組合圖

使用1個組件。

組合2個組件。

▼ 花瓣：A

100%

摺線

100%

摺線

摺線

100%

20 康乃馨 *photo·‥▶p.14*

重疊大小形狀迴異的花瓣，營造出立體感。
再加入葉片＆花莖，作成宛如真花般的姿態。

材料
・薄葉紙（花瓣用）……15張
・薄葉紙（花萼・葉片用）……1張
・鐵絲＃24
・薄葉紙（花莖用）……1張
・鐵衣架……2支

工具
・尺
・剪刀
・鐵衣架
・絕緣膠帶
・熱熔槍、熱熔膠條

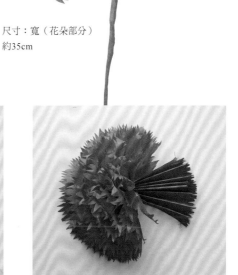

尺寸：寬（花朵部分）
約35cm

作法

▶▶ **製作內側花瓣**

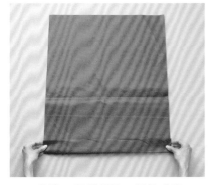

1　重疊10張薄葉紙，摺疊成寬5cm
　的蛇腹摺。

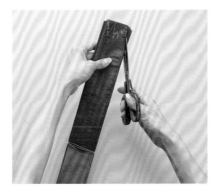

2　參照p.64紙型A「紙型的用法」，
　將薄葉紙裁剪成花瓣狀。正中央
　以鐵絲纏繞兩圈，扭轉固定。

3　將花瓣一片片地立起（圖示為立
　起一半花瓣的模樣）。

▶▶ **製作外側花瓣**

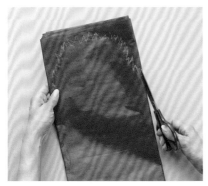

4　準備5張薄葉紙，參照p.64紙型
　B「紙張的使用」＆「紙型的用
　法」，裁剪成花瓣形狀。

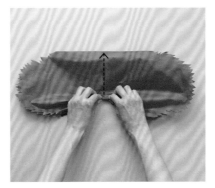

5　將下側如圖所示抓起，再由下往
　上一點一點地抓合在一起。

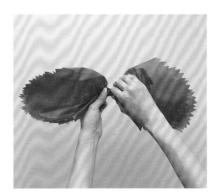

6　將往上抓起的部分扭轉兩次固
　定。以相同作法製作10組。

▶▶ 製作花萼

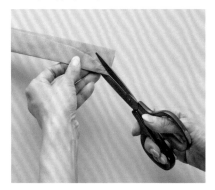

7　參照p.64花萼「紙張的使用」&「紙型的用法」，將薄葉紙進行蛇腹摺後，裁剪成花萼狀。

▶▶ 製作葉片

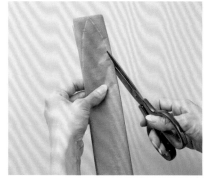

8　以剩餘的薄葉紙，使用p.64的紙型裁剪成葉片形狀。以相同作法製作2組。

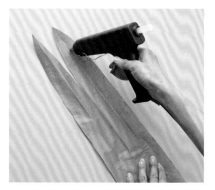

9　展開，在一片葉片的正中央以熱熔槍塗抹黏著劑＆黏貼上鐵絲，再將兩片葉片黏合，使鐵絲包夾在葉片間。

▶▶ 製作花莖

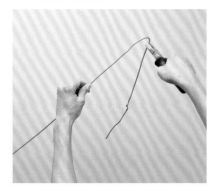

10　將兩支鐵衣架各自展開成條狀後，自距離一端30cm處彎摺成鉤子狀。

▶▶ 組合各組件

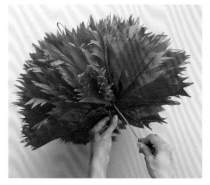

11　將鉤子勾在內側花瓣的中央，另一支也以相同方式勾住。

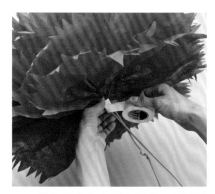

12　將鉤子收合在花卉下方，以絕緣膠帶纏繞固定。

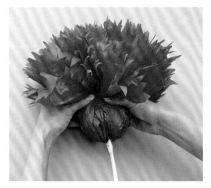

13　緊緊收攏握起花瓣下方，加以塑型。

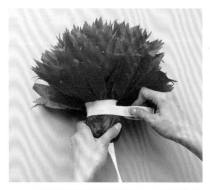

14　以絕緣膠帶纏繞步驟13塑型的部分。

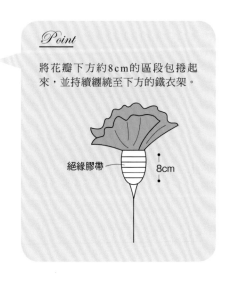

Point

將花瓣下方約8cm的區段包捲起來，並持續纏繞至下方的鐵衣架。

絕緣膠帶　　　8cm

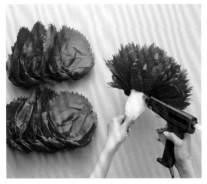

15 以熱熔槍在絕緣膠帶處塗抹黏著劑。

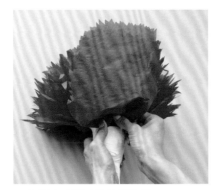

16 貼上步驟6的外側花瓣。

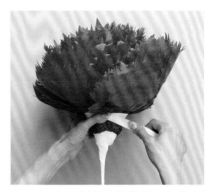

17 在下方纏繞絕緣膠帶，加強固定。

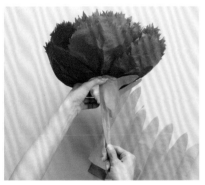

18 以熱熔槍在絕緣膠帶部分塗抹黏著劑，包捲上花萼。

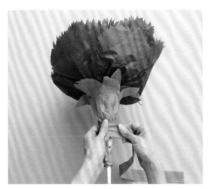

19 將花莖用薄葉紙裁剪成寬3cm緞帶狀，纏繞在花莖上。

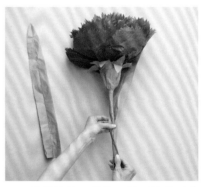

20 稍微纏繞一段後，以兩片葉子夾住花莖，從葉片下方1/3處延續步驟19繼續纏繞。

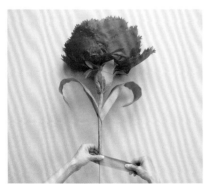

21 纏繞至花莖末端。將葉片稍微向外反摺＆整理形狀。

組合圖

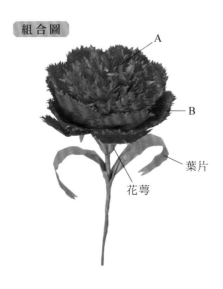

A

B

葉片

花萼

▼花瓣：A

200%

●紙型的用法

＊將摺成蛇腹摺的薄葉紙分別沿著紙型畫出裁剪記號。

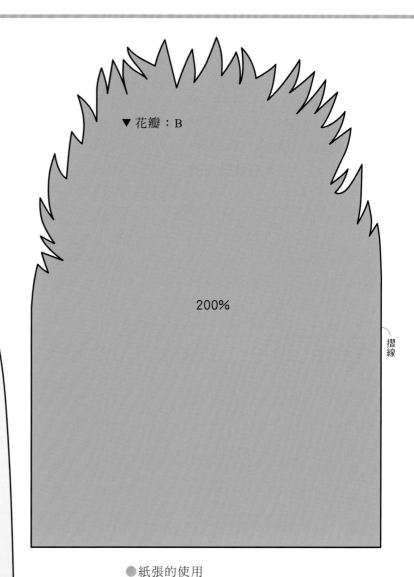

▼花瓣：B

200%

摺線

▼葉片

200%

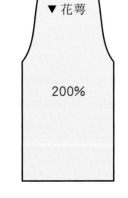

▼花萼

200%

●紙張的使用

＊將薄葉紙短邊對切成兩等分。一張製作花萼，另一張製作葉片。

●紙型的用法

＊花萼是將紙張長邊以十六等分作出摺線＆進行蛇腹摺，葉片則是將剩餘的紙張如圖所示裁剪＆對摺。之後再分別在摺疊完成的一端沿著紙型畫出裁剪記號。

●紙張的使用

＊將薄葉紙短邊對半裁切，再如圖所示對摺。

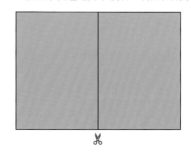

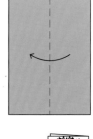

●紙型的用法

＊將摺疊好的薄葉紙兩端分別沿著紙型畫出裁剪記號。以相同作法製作10組備用。（可重疊5張一起裁剪）。

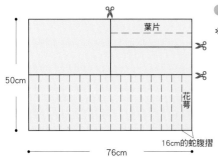

50cm

76cm

16cm的蛇腹摺

葉片

花萼

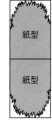

紙型

紙型

21 禮物花 *photo···▶p.15*

推薦使用送禮專用，具有繽紛花紋的紙張。
將花瓣前端彎摺成圓弧狀，帶出氣氛。

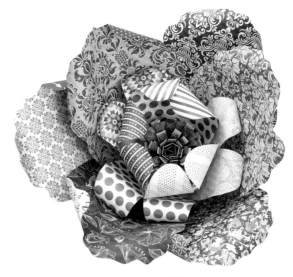

材料	・四開圖畫紙（花瓣用）……2片
	・圖畫紙（花芯用，30×14cm）……2片

工具	・剪刀
	・圓棍或鉛筆
	・熱熔槍、熱熔膠條

※在此並非使用四開圖畫紙，而是使用30×30cm左右的
彩色花紋紙。

尺寸：寬約35cm

作法

▶▶ 製作花瓣

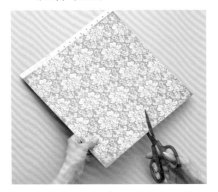

1 參照p.67的「紙張・紙型的用
法」，將圖畫紙裁剪成花瓣狀。
A・B各準備6片備用。

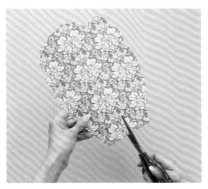

2 將下側剪出切口後，以熱熔槍在
切口處塗上黏著劑＆將切口處重
疊黏貼，使花瓣呈現立體感。

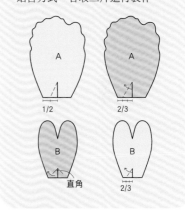

Point

如圖所示，A・B各依兩種不同的
貼合方式，各取三片進行製作。

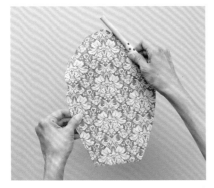

3 以圓棒或鉛筆將花瓣前端作出弧
度。A是將花瓣前端左右隨機彎
摺。

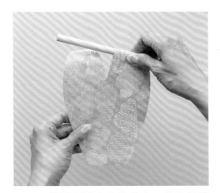

4 B花瓣則是在六片中取三片將前端
往內彎摺，剩餘三片往外彎曲。

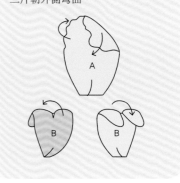

Point

A隨機彎曲，B則是三片朝內側、
三片朝外側彎曲。

▶▶ 製作花芯

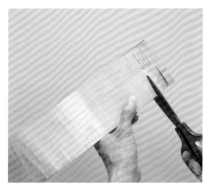

5　參照p.67，將對摺的圖畫紙以剪刀剪出切口。

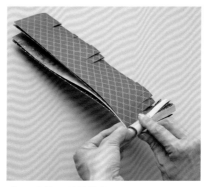

6　重疊兩張後捲起。

▶▶ 黏合花瓣

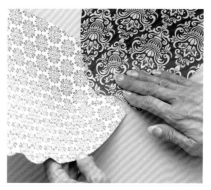

7　從大花瓣開始，依序以熱熔槍在下側塗抹黏著劑，貼合花瓣。首先將A切口黏合在一半處的三片花瓣黏在一起作為第一層。

▶▶ 黏貼花芯

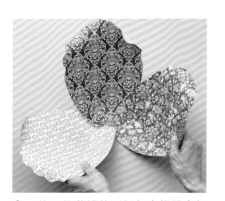

8　使三片花瓣的下側如交錯疊合般地黏貼，較容易固定。

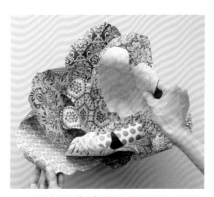

9　以相同方式黏貼第二層、第三層、第四層花瓣。各層花瓣也以相互交錯的位置重疊黏貼。

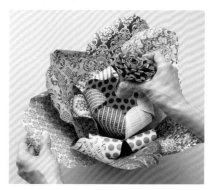

10　以熱熔槍在步驟6的花芯下方邊緣塗抹黏著劑，黏貼在中心處。

Wrapping Ideas

美麗的超大朵紙花完成！推薦使用可看見內容物的透明塑膠紙包裝。如糖果般地捲起大張的透明塑膠紙，兩端再以緞帶綁起。

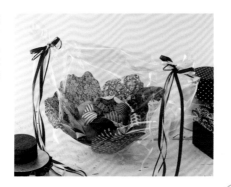

紙 型　＊紙型請依標示%放大影印使用。

● **紙張・紙型的用法**

＊將四開圖畫紙如圖所示裁剪A、B，
　就能夠毫不浪費地使用。

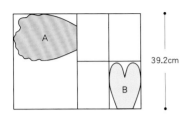

39.2cm

54.2cm

▼ 花芯

＊將四開圖畫紙短邊對半裁切，再各自對摺。

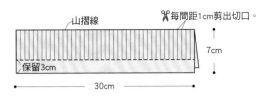

山摺線　　✂每間距1cm剪出切口。

保留3cm　　　　　　　　　　7cm

30cm

組 合 圖

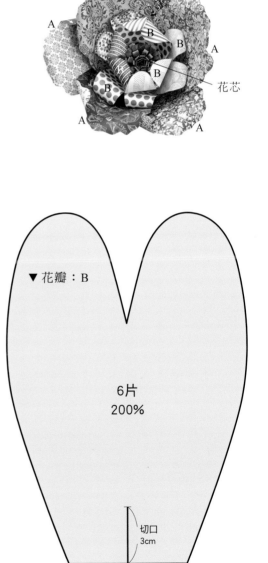

花芯

▼ 花瓣：A

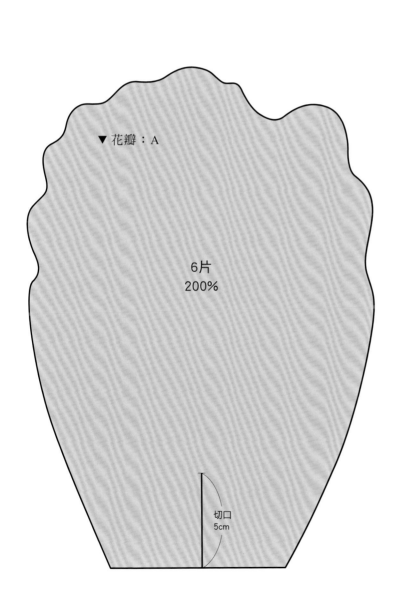

6片
200%

切口
5cm

▼ 花瓣：B

6片
200%

切口
3cm

22 圓形花瓣 *photo→p.16*

將裁成圓形的紙張剪出切口＆貼合，
就完成了帶有惹人憐愛氛圍的花朵。

材料	・四開圖畫紙……2張
工具	・尺
	・剪刀
	・熱熔槍、熱熔膠條

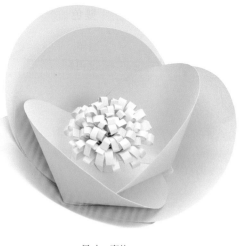

尺寸：寬約18cm

組合圖

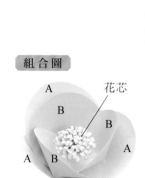

花芯

作法

▶▶ 製作花瓣

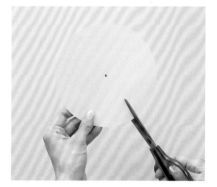

1　準備六張直徑16cm的圓形紙片，
　　朝中心點剪出一道筆直的切口。

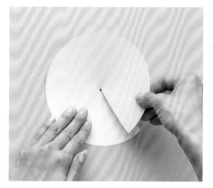

2　以熱熔槍在切口處塗抹黏著劑＆
　　如右圖所示貼合，呈現立體狀。

Point

六片之中取三片在距離5cm處黏
合（花瓣A），剩餘的三片在距離
9cm處黏合（花瓣B）。

5cm　　9cm

▶▶ 貼合花瓣

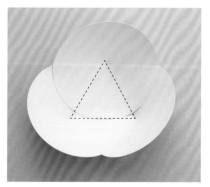

3　將黏合在5cm處的三片花瓣作為第
　　一層，以三片中心形成三角形的
　　方式黏貼。貼合在9cm處的三片則
　　黏貼成為第二層。

▶▶ 製作花芯

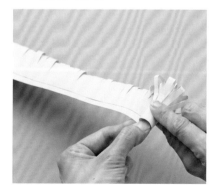

4　將四開圖畫紙的短邊四等分裁切
　　後，取其中一片將短邊對摺。參
　　照p.23的步驟5至7，距邊保留
　　1.5cm＆以5mm的間距剪出切口，
　　再從一端捲起製作花芯。

▶▶ 黏貼花芯

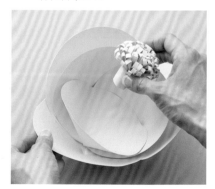

5　將花芯黏貼於花朵中心。

22 百摺裝飾（雙色） *photo···▶ p.17,19*

無需裁剪，相當簡單！
將圖畫紙蛇腹摺後再黏貼，就能作出時尚的室內擺飾。

材料
・圖畫紙（15×54cm）……2張
・圖畫紙（15×30cm）……2張

工具
・尺
・剪刀
・黏膠
・熱熔槍、熱熔膠條

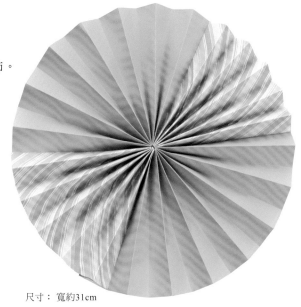

尺寸：寬約31cm

作法

▶▶ 組合組件

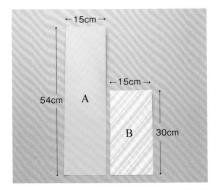

1 準備兩張15×54cm＆兩張15×30cm的紙張。

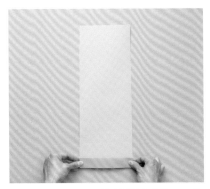

2 將15×54cm的紙張摺成寬3cm的蛇腹摺（A）。

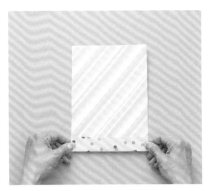

3 將15×30cm的紙張摺成寬3cm的蛇腹摺（B）。

▶▶ 組合組件

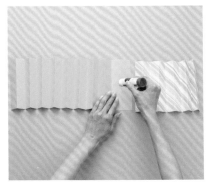

4 以黏膠將步驟2＆3的四張組件邊緣各自相互黏合。

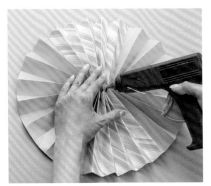

5 黏合邊緣作成環形。並在圓中心以熱熔槍塗抹黏著劑，使圓形固定。

組合圖

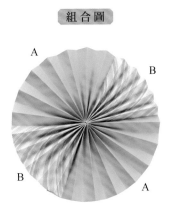

24 長莖大花 *photo···▶p.18*

以相同顏色的花芯&花莖為設計亮點。
花瓣也可以使用英文報紙製作。

材料
- 薄葉紙（花瓣用）……9張
- 薄葉紙（花芯用）……2張
- 薄葉紙（花莖用）……1張
- 鐵絲＃24
- 鐵衣架……1支

工具
- 尺
- 圓形紙夾
- 剪刀
- 熱熔槍
  熱熔膠條
- 鋼絲剪
- 絕緣膠帶
- 雙面膠

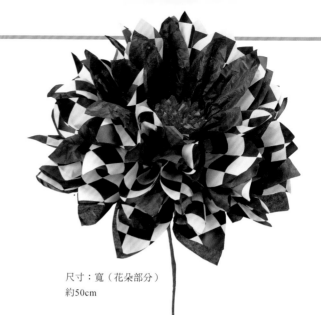

尺寸：寬（花朵部分）
約50cm

作法

▶▶ 製作花瓣

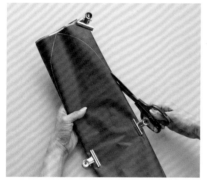

1　準備九張薄葉紙，參照p.71「紙張的使用」&「紙型的用法」，裁剪花瓣形狀。再將其展開&將九張紙重疊在一起，摺出寬3cm的蛇腹摺。

Point

裁剪成花瓣形狀後展開，重疊9張薄葉紙，進行蛇腹摺。

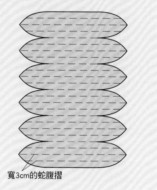

寬3cm的蛇腹摺

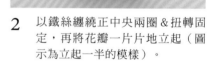

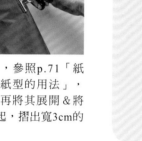

2　以鐵絲纏繞正中央兩圈&扭轉固定，再將花瓣一片片地立起（圖示為立起一半的模樣）。

▶▶ 製作花芯

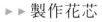

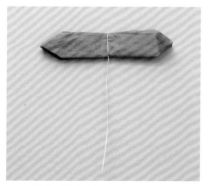

3　將薄葉紙的長邊四等分裁開後，將裁剪好的八張紙重疊在一起，摺出寬3cm的蛇腹摺。使用p.54的紙型B&以相同作法製作球花。

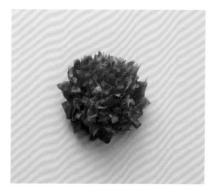

4　球花完成。

▶▶ 製作花莖

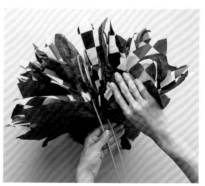

5　將鐵衣架延展成長條狀後，自距離一端30cm處彎摺成鉤子狀。勾住中央位置，收合在花朵下方，再以絕緣膠帶纏繞固定。

紙型 ＊紙型請依標示%放大影印使用。

● 紙張的使用

＊將薄葉紙長邊六等分摺疊，
　再如圖所示對摺。

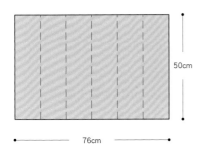

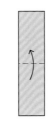

50cm

76cm

● 紙型的用法

＊將摺疊後的薄葉紙
　沿著紙型畫出裁剪
　記號。

紙型

▶▶ 黏貼花芯

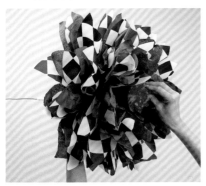

6 將花芯黏貼在花朵中心處。

組合圖

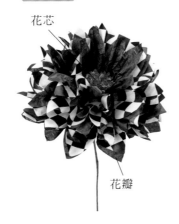

花芯

花瓣

▶▶ 完成花莖

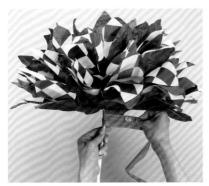

7 將花莖用薄葉紙裁剪成寬3cm左右
　緞帶狀。將花莖黏貼上雙面膠，
　再以薄葉紙纏繞。

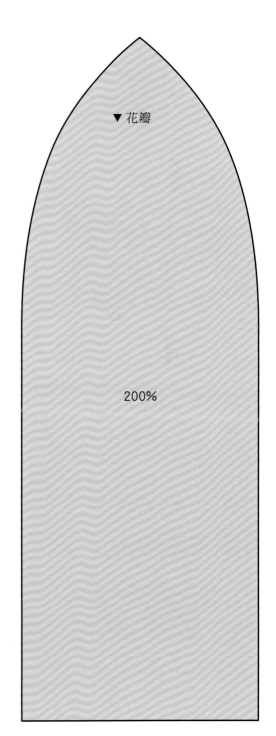

▼ 花瓣

200%

25 鋸齒花瓣（紅） *photo…▸p.19*

以p.22 至p.25相同作法製作。
改變紙張顏色就能作出不同感覺的花卉。

材料
[S尺寸]
・四開圖畫紙……5張
[M尺寸]
・四開圖畫紙……8張

工具
・尺
・剪刀
・熱熔槍、熱熔膠條

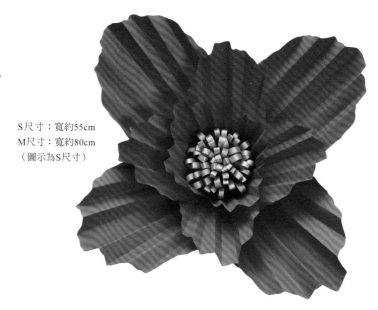

S尺寸：寬約55cm
M尺寸：寬約80cm
（圖示為S尺寸）

作法

▶▶ 製作花瓣

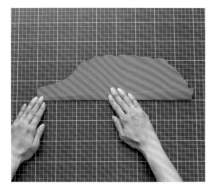

1 參照p.22的步驟1至4作法製作花瓣。

▶▶ 製作花芯

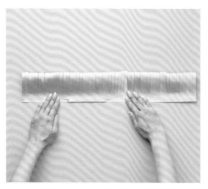

2 參照p.23的步驟5至7作法製作花芯。

▶▶ 貼合花瓣

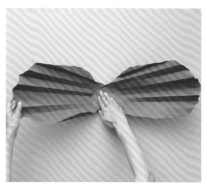

3 參照p.23的步驟8至9作法貼合花瓣。

▶▶ 黏貼花芯

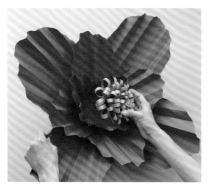

4 參照p.23的步驟10至11作法貼上花芯。

組合圖

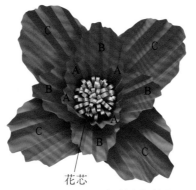

花芯

（S尺寸完成圖）

華麗の盛放！
超大朵紙花設計集（暢銷版）
空間＆櫥窗陳列‧婚禮＆派對布置‧特色攝影必備！

作　　者／MEGU（PETAL Design）
譯　　者／周欣芃
發 行 人／詹慶和
選 書 人／Eliza Elegant Zeal
執行編輯／陳姿伶
編　　輯／蔡毓玲‧劉蕙寧‧黃璟安‧陳昕儀
封面設計／韓欣恬
美術編輯／陳麗娜‧周盈汝
內頁排版／鯨魚工作室
出 版 者／Elegant-Boutique新手作
發 行 者／悅智文化事業有限公司　郵政劃撥帳號／19452608
戶　　名／悅智文化事業有限公司
地　　址／220新北市板橋區板新路206號3樓
網　　址／www.elegantbooks.com.tw
電子郵件／elegant.books@msa.hinet.net　電話／(02)8952-4078
傳　　真／(02)8952-4084

2017年8月初版一刷
2020年2月二版一刷　定價380元

Lady Boutique Series No.4309
TEZUKURI NO GIANT PAPER FLOWER
© 2016 Boutique-sha, Inc.
All rights reserved.
Original Japanese edition published in Japan by BOUTIQUE-SHA.
Chinese (in complex character) translation rights arranged with
BOUTIQUE-SHA.
through KEIO CULTURAL ENTERPRISE CO., LTD.

經銷／易可數位行銷股份有限公司
地址／新北市新店區寶橋路235巷6弄3號5樓
電話／(02)8911-0825　傳真／(02)8911-0801

國家圖書館出版品預行編目(CIP)資料

華麗の盛放！超大朵紙花設計集：空間＆櫥窗陳列‧婚禮＆派對布
置‧特色攝影必備！ / MEGU（PETAL Design）著；周欣芃譯.
-- 二版. -- 新北市：新手作出版：悅智文化發行, 2020.02
　面；　公分. -- (趣.手藝；78)
ISBN 978-957-9623-47-6(平裝)

1.紙工藝術

972.5　　　　　　　　　　　　　　　108022137

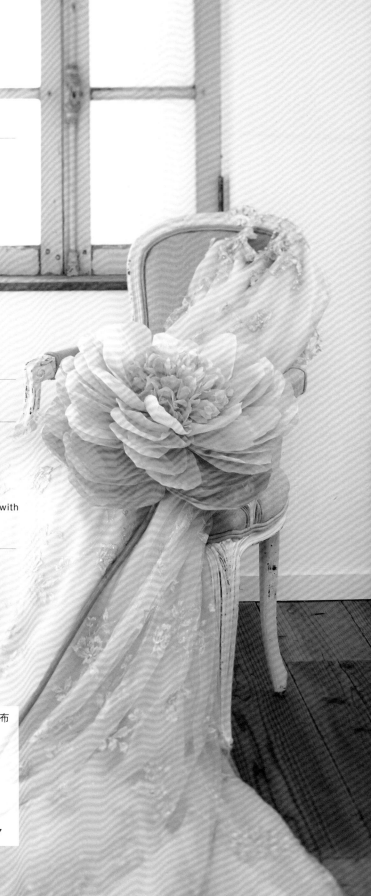

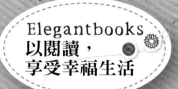
Elegantbooks
以閱讀，
享受幸福生活

雅書堂 新手作
雅書堂文化事業有限公司
22070新北市板橋區板新路206號3樓
facebook 粉絲團:搜尋 雅書堂
部落格 http://elegantbooks2010.pixnet.net/blog
TEL:886-2-8952-4078 ‧ FAX:886-2-8952-4084

趣‧手藝 41

Q萌玩偶出沒注意！
輕鬆手作112隻療癒系の可愛不織布動物
BOUTIQUE-SHA◎授權
定價280元

趣‧手藝 42

【完整教學圖解】
摺×疊×剪 × 刻4步驟完成120款美麗剪紙
BOUTIQUE-SHA◎授權
定價280元

趣‧手藝 43
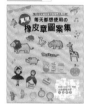
9位人氣作家可愛發想大集合
每天都想使用的萬用橡皮章圖案集
BOUTIQUE-SHA◎授權
定價280元

趣‧手藝 44
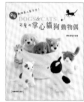
動物系人氣手作！
DOGS ＆ CATS‧可愛的掌心貓狗動物偶
須佐沙知子◎著
定價300元

趣‧手藝 45
初學者の第一本UV膠飾品教科書
從初學到進階！製作超人氣作品の完美小祕訣All in one！
熊崎堅一◎監修
定價350元

趣‧手藝 46
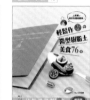
定食、麵包、拉麵、甜點、擬真度100％！輕鬆作の1/12の微型樹脂土美食76道（暢銷版）
ちょび子◎著
定價320元

趣‧手藝 47

全新OK！親子同樂腦力遊戲完全版‧趣味翻花繩大全集
野口廣◎監修
主婦之友社◎授權
定價399元

趣‧手藝 48
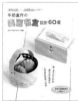
牛奶盒作の！美麗布盒設計60選
清爽收納X空間點綴の好點子
BOUTIQUE-SHA◎授權
定價280元

趣‧手藝 50

CANDY COLOR TICKET
超可愛的糖果系透明樹脂x樹脂土甜點飾品
CANDY COLOR TICKET◎著
定價320元

趣‧手藝 49
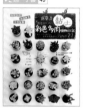
原來是黏土！MARUGOの彩色多肉植物日記：自然素材‧風格雜貨‧造型盆器懶人在家也能作的經典多肉植物黏土ZAKKA 27
丸子（MARUGO）◎著
定價350元

趣‧手藝 51

Rose window美麗&透光：玫瑰窗對稱剪紙
平田朝子◎著
定價280元

趣‧手藝 52
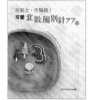
玩黏土‧作陶器！可愛北歐風別針77個
BOUTIQUE-SHA◎授權
定價280元

趣‧手藝 53

New Open‧開心玩！開一間超人氣の不織布甜點屋
堀內さゆり◎著
定價280元

趣‧手藝 54
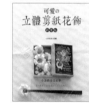
Paper‧Flower‧Gift：小清新生活美學‧可愛の立體剪紙花飾四季花
くまだまり◎著
定價280元

趣‧手藝 55
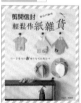
每日の趣味‧剪開信封輕鬆作紙雜貨你一定會作的N個可愛信封紙藝創作
宇田川一美◎著
定價280元

趣‧手藝 56
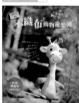
可愛限定！KIM'S 3D不織布動物遊樂園（暢銷精選版）
陳春金‧KIM◎著
定價320元

趣‧手藝 57
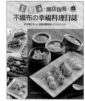
家家酒開店指南：不織布の幸福料理日誌
BOUTIQUE-SHA◎授權
定價280元

趣‧手藝 58
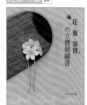
花‧葉‧果實の立體刺繡書
以鐵絲勾勒輪廓‧繡製出漸層色彩的立體花朵（暢銷版）
アトリエ Fil◎著
定價280元

趣‧手藝 59

黏土×環氧樹脂‧袖珍食物＆微型店舖230選
Plus 11間商店街店舖造景教學
大野幸子◎著
定價350元

趣‧手藝 60
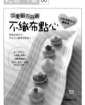
可愛到不行の不織布點心（暢銷新裝版）
寺西恵里子◎著
定價280元

趣‧手藝 61
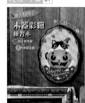
雜貨迷超愛的木器彩繪練習本
20位人氣作家×5大季節主題‧一本學會就上手
BOUTIQUE-SHA◎授權
定價350元

趣‧手藝 62
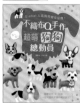
不織布Q手作：超萌狗狗總動員！
陳春金‧KIM◎著
定價350元

趣‧手藝 63
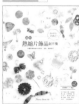
品牌塑造超美的！緞織熱縮片飾品創作集
一本OK！完整學會熱縮片的著色、造型、應用技巧……
NanaAkua◎著
定價350元

趣‧手藝 64
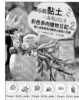
開心玩黏土！MARUGO彩色多肉植物日記2
懶人派經典多肉植物＆盆組小花園
丸子（MARUGO）◎著
定價350元

趣‧手藝 65
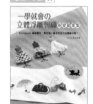
一學就會の立體浮雕刺繡可愛圖案集
Stumpwork基礎實作：填充物＋懸浮式技巧全圖解公開！
アトリエ Fil◎著
定價320元

趣‧手藝 66
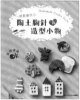
家用烤箱OK！一試就會作的陶土胸針＆造型小物
BOUTIQUE-SHA◎授權
定價280元

趣‧手藝 67
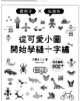
從可愛小圖開始學縫十字繡格子×玩填色×特色圖案900＋
大圖まこと◎著
定價280元

趣‧手藝 68
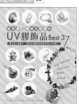
超質感、繽紛又可愛的UV膠飾品Best37！開心玩×簡單作‧手作女孩的加分飾品不NG挑戰！
張家慧◎著
定價320元

趣・手藝 69

清新・自然～
刺繡人最愛的花草模樣手繡帖
點與線模樣製作所 岡理惠子◎著
定價320元

趣・手藝 70
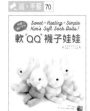
好想抱一下的軟QQ襪子娃娃
陳春金・KIM◎著
定價350元

趣・手藝 71
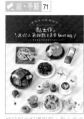
袖珍屋の料理廚房：黏土作的
迷你人氣甜點＆美食best82
ちょび子◎著
定價320元

趣・手藝 72
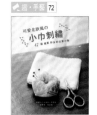
可愛北歐風の小巾刺繡：47個
簡單好作的日常小物
BOUTIUQE-SHA◎授權
定價280元

趣・手藝 73
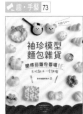
不能吃の～袖珍模型麵包雜
貨：閒得到麵包香喔！不玩黏
土，捏麵糰！
ぱんころもち・カリーノぱん◎合著
定價280元

趣・手藝 74
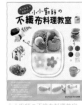
小小廚師の不織布料理教室
BOUTIQUE-SHA◎授權
定價300元

趣・手藝 75
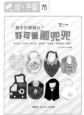
親手作寶貝の好可愛圍兜兜
基本款・外出款・時尚款・趣
味款・功能款，穿搭變化一極
棒！
BOUTIQUE-SHA◎授權
定價320元

趣・手藝 76
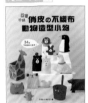
手縫俏皮の
不織布動物造型小物
やまもと ゆかり◎著
定價280元

趣・手藝 77

超可愛的迷你size！
袖珍甜點黏土手作課
関口真優◎著
定價350元

趣・手藝 78
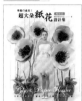
華麗的盛放！
超大朵紙花設計集
空間&櫥窗陳列・婚禮&派對布
置・特色攝影必備！（暢銷版）
MEGU (PETAL Design)◎著
定價380元

趣・手藝 79
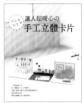
讓人超暖心の手工立體卡片
鈴木孝美◎著
定價320元

趣・手藝 80
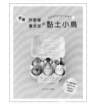
手捏胖嘟嘟×圓滾滾の
黏土小鳥
ヨシオミドリ◎著
定價350元

趣・手藝 81
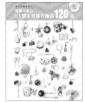
無限可愛の
UV膠&熱縮片飾品120選
キムラプレミアム◎著
定價320元

趣・手藝 82

純對簡單的UV膠飾品100選
キムラプレミアム◎著
定價320元

趣・手藝 83
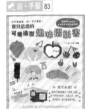
寶貝最愛的
可愛造型趣味摺紙書：
動動手指動動腦×
一邊摺一邊玩
いしばし なおこ◎著
定價280元

趣・手藝 84

超精選！有131隻喔！
簡單手縫可愛的
不織布動物玩偶
BOUTIQUE-SHA◎授權
定價300元

趣・手藝 85
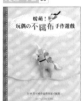
靈活指尖×想像力！
百變立體造型的
三角摺紙趣味手作
岡田郁子◎著
定價300元

趣・手藝 86
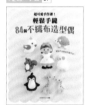
暖萌！
玩偶の不織布手作遊戲
BOUTIQUE-SHA◎授權
定價300元

趣・手藝 87
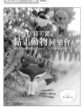
超可愛手作課！
輕鬆手縫84個不織布造型偶
たぱねなのよこ◎著
定價320元

趣・手藝 88

集合囉！
超可愛的黏土動物同樂會
幸福豆手創館（胡瑞娟 Regin）◎著
定價350元

趣・手藝 89
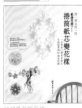
超可愛！
換裝娃娃×動物摺紙58變
いしばし なおこ◎著
定價300元

趣・手藝 90
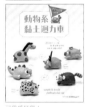
捲筒紙芯變花樣
剪一剪&摺一摺，
紙捲花開了！
阪本あやこ◎著
定價300元

趣・手藝 91
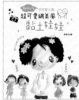
可愛爆表！
超簡單！黏土系動物迴力車
幸福豆手創館（胡瑞娟 Regin）◎著權
定價320元

趣・手藝 92

Petty's手作旅人誌：
超可愛網美風黏土娃娃
蔡青芬◎著
定價350元

趣・手藝 93
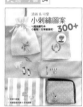
手繪植物風橡皮章應用圖帖
HUTTE.◎著
定價350元

趣・手藝 94
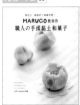
清新&可愛小刺繡圖案300+：
一起來繡花朵・小動物・日常
雜貨吧！
BOUTIQUE-SHA◎授權
定價320元

趣・手藝 95
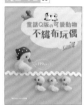
甜在心・剛剛好×精緻可愛！
MARUGO教你作職人の手揉黏土和菓子
丸子（MARUGO）◎著
定價350元

趣・手藝 96
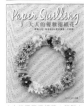
有119隻喔！童話Q版の可愛
動物不織布玩偶
BOUTIQUE-SHA◎授權
定價300元

趣・手藝 97
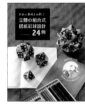
大人的優雅捲捲花：輕鬆上
手！基本技法&配色要點一次
學會！
なかたにもとこ◎著
定價350元

趣・手藝 98
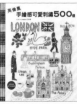
色彩×幾何大挑戰！立體の組
合式摺紙彩球設計24例
BOUTIQUE-SHA◎授權
定價350元

趣・手藝 99
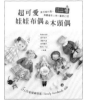
英倫風手繪感可愛刺繡500選
E & G Creates◎授權
定價380元

趣・手藝 100
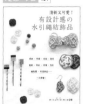
超可愛娃娃布偶&木頭偶
5人作家愛藏精選
美式鄉村風×漫畫繪本人物×
童話幻想
今井のりこ・鈴木治子・斉藤千里・
田畑聖子・坪井いづよ◎授權
定價380元

趣・手藝 101
清新又可愛！
有設計感の水引繩結飾品
mizuhikimie◎著
定價320元